영어 정복을 위해 반드시 알아야 할

A 220 MERICAN IDIOMS

Derrick Nault 지음

정진출판사

머리말

　한국의 여행자들, 교환 학생들, 그리고 이민자들은 한결같이 미국인들이 실생활에서 쓰는 이디엄을 접했을 때 낙담을 합니다. 비록 수년 동안 영어를 공부했음에도 불구하고 많은 한국인들은 미국인들이 자주 사용하는 수많은 이디엄 때문에 그들이 말하는 것을 이해하는 데 어려움을 겪습니다. 예를 들면 한 미국인이 당신에게 My wife is on the warpath., 또는 My boss is giving me flak.라고 말한다면 당신은 무슨 뜻인지 이해할 수 있겠습니까? 또한 미국인이 당신에게 paint the town red하자고 요청한다면 당신은 어떻게 대답할 것입니까?

　한 가지 해결책은 이디엄을 무시하고 영어를 공부하는 것입니다. 당신이 초보자라면 아마 이 방법이 현명할지도 모릅니다. 그러나 어느 정도 영어를 공부한 사람은 이러한 방법을 다시 숙고해 봐야 합니다. 이 책을 본 독자들은 알겠지만 이디엄은 미국 문화를 비추어 주는 하나의 창입니다. 미국의 유머, 창조성, 풍부한 재치, 개성, 날카로운 통찰력, 경쟁심 등 셀 수 없는 특징과 가치들이 일상생활의 이디엄에 묻어 있습니다. 그리고 미국 이디엄을 배움으로써 영어를 모국어로 하지 않은 사람도 신문의 헤드라인, 뉴스, 책 제목, 영화 대화나 일상 대화 등의 진정한 의미와 참맛을 느낄 수 있습니다. 또한 더 이상 아웃사이더처럼 느끼지 않을 겁니다.

　만약 당신이 미국 이디엄을 기꺼이 배울 준비가 되어 있다면 '영어 정복을 위해 반드시 알아야 할 220 American Idioms'는 여러 가지 면에서 도움이 될 것입니다. 첫째로 많은 책들이 '동물에 관한 이디엄', '색깔에 관한 이디엄' 등과 같이 별로 도움이 되지 않는 주제로 책을 꾸몄는데 이 책은 야구, 권투, 경마, 미국 개척 시대의 서부, 총기류 등과 같은 미국 문화와 관련된 주제로 책을 꾸몄습니다. 이런 주제로 이디엄을 분류하면 이디엄들의 문화적 관련성을 더 쉽게 알아 볼 수 있습니다.

머리말

　두 번째로 이 책은 단조롭고 서로 연관이 없는 이디엄들을 나열하기보다는 이디엄을 보다 더 재미있고 쉽게 배울 수 있도록 흥미로운 이야기나 대화에 포함시켜 문맥 속에서 이디엄을 배울 수 있게 하였습니다.

　세 번째로 이 책은 미국 이디엄들이 어디에서 유래되었는지를 설명하여 독자들이 쉽게 이해하고 머리에 오래도록 기억하게 하였습니다. 또한 유래를 설명한 후 예문을 달아 이디엄들이 어떻게 쓰이는지를 확인할 수 있게 하였습니다.

　마지막으로 각 장의 마지막 부분에 Practice와 Review 파트를 만들어 독자들이 스스로 앞에서 배운 이디엄들을 점검할 수 있게 하였습니다.

　여러분들은 한 나라의 언어를 이해하려면 그 나라의 문화를 이해해야 한다는 격언을 들어 본 적이 있을 겁니다. 바로 이 책이 이 격언과 딱 어울리는 책이라고 할 수 있습니다. 만약 여러분이 미국 영어와 미국 문화에 대해 완벽하게 이해하고 싶다면 이 책이 여러분에게 많은 도움을 줄 수 있을 것입니다.

Derrick Nault

Contents

Chapter 1. On the Ball / 7
(유능한, 빈틈없는)

Chapter 2. No Dice. / 19
(헛수고다.)

Chapter 3. Guns Blazing / 31
(허세를 부리다)

Chapter 4. On the Warpath / 43
(성나서, 싸울 기세로)

Chapter 5. Flat Broke / 55
(빈털터리가 되다)

Chapter 6. The Bottom Line / 67
(최종 결과)

Chapter 7. Rat Race / 79
(경쟁 사회)

Chapter 8. More Fish in the Sea / 91
(세상에 많은 게 남자[여자]다)

Chapter 9. The Dark Horse / 103
(의외의 강력한 경쟁 상대)

Chapter 10. Boxed Into a Corner / 115
(어려운 상황으로 몰리다)

Chapter 11. Out of the Woods / 127
(위험을 면하여)

Chapter 12. Happy Trails! / 139
(즐거운 여행을 해라!)

Contents

Chapter 13. Life in the Fast Lane / 151
　　(분별이 없거나 무모한 생활 태도)

Chapter 14. Speak of the Devil! / 163
　　(호랑이도 제 말 하면 온다더니!)

Chapter 15. C'est La Vie! / 175
　　(그것이 인생이다!)

Chapter 16. Back to the Drawing Board / 187
　　(처음부터 다시 시작하다)

Chapter 17. Highway Robbery / 199
　　(터무니없는 가격)

Chapter 18. A Pig in a Poke / 211
　　(결함이 있는 물건)

Chapter 19. Woe is Me! / 223
　　(정말 슬프다!)

Chapter 20. Paint the Town Red / 235
　　(술 마시며 즐거운 시간을 보내다)

Chapter 21. As American As Apple Pie / 247
　　(아주 미국적인)

Chapter 22. In the Limelight / 259
　　(각광을 받고)

Chapter 1

On the Ball (유능한, 빈틈없는)
  Theme : Baseball (주제 : 야구)

Warm Up

1. What are some popular American sports?
2. Can you name any famous American sports stars?
3. Why do you think Americans like baseball so much?
4. What's your favorite sport? Why?

  1. 미국에서 인기 있는 스포츠는 무엇인가요?
  2. 당신은 유명한 미국 스포츠 스타들의 이름을 말할 수 있나요?
  3. 미국인들은 왜 야구를 좋아한다고 생각합니까?
  4. 당신이 좋아하는 스포츠는 무엇인가요? 좋아하는 이유는 무엇인가요?

Reading

다음은 직장에서 힘든 하루를 보낸 어느 남자의 이야기입니다.

Today I had a tough day at work. My boss is usually **on the ball**, but today he was **way off base**. Last month he promised to give me a raise starting from today, but this morning he still refused to quote me **a ballpark figure** for my new salary. He just said, "Wait a few more weeks and I'll give you a clear answer." Obviously, my boss was just **throwing me a curve**.

I thought talking to someone might make me feel better, so I asked Cindy on a date. **Right off the bat**, though, **I struck out**. "Go out with you? Don't make me laugh! I'm **out of your league**. You won't even **get to first base** with me," she said. Then **out of left field** she said she was in love with the boss! When I heard that, I knew right away she'd never **go to bat for** me.

Chapter 1. *On the Ball*

해석

　　나는 오늘 회사에서 힘든 하루를 보냈다. 내 상사는 보통은 일을 잘 처리하지만 오늘은 이상했다. 지난달 그는 오늘부터 내 월급을 올려 준다고 약속했지만 오늘 아침에는 여전히 내 월급에 대해 대충이라도 말하는 것을 꺼려 했다. 그는 단지 몇 주만 기다려 주면 명확한 답을 주겠다는 말만 했다. 명백히 내 상사는 나를 기만한 것이었다.
　　나는 누군가와 이야기하면 기분이 나아질 것 같은 생각이 들어서 신디에게 만나자고 했다. 하지만 즉시 그녀에게 딱지를 맞았다. "당신과 데이트를 하자고요? 웃기지 마세요! 나는 당신과는 수준이 달라요. 그리고 당신과 나는 어떠한 진전도 이루지 못할 거에요."라고 말했다. 그리고는 그녀는 갑자기 내 상사와 사랑에 빠져 있다고 이야기했다. 내가 그 말을 들었을 때 나는 그녀가 결코 내 편을 들어주지 않을 거라는 것을 즉시 알았다.

Vocabulary

1. on the ball	유능한, 빈틈없는
2. way off base	이상한, 잘못된
3. a ballpark figure	대략, 대충
4. to throw someone a curve	~를 속이다, 기만하다
5. right off the bat	즉시
6. to strike out	삼진을 당하다, 패하다
7. out of someone's league	~와 같은 범주(부류)가 아닌
8. to get to first base	진전을 이루다
9. out of left field	갑자기
10. to go to bat for someone	~를 변호하다, 지지하다

Origins & Examples

1. On the ball
intelligent and capable

훌륭한 야구 선수는 항상 공에서 눈을 떼지 않고(keep his eye on the ball) 공에 집중을 합니다. 이렇게 공에 집중을 하다 보니(on the ball) 실수 없이 공을 잘 처리할 수 있는 것입니다. 그래서 스포츠가 아닌 일상생활에서도 빈틈이 없거나 유능한 사람을 나타낼 때 on the ball이라는 표현을 씁니다.

Ex. That new worker is really **on the ball**. He has a lot of good ideas.
새로 온 직원은 정말 유능하다. 그는 좋은 생각을 많이 가지고 있다.

Rob is **on the ball**. One day he'll probably be famous.
롭은 유능하다. 언젠가 유명해질 것이다.

2. Way off base
unacceptable or strange

야구에서 주자로 나가 있는 선수는 방심을 하면 견제구에 의해 태그 아웃을 당할 수 있습니다. 이러한 경우에 그 선수의 발은 베이스를 밟고(on the base) 있었던 것이 아니라 베이스에서 떨어져(way off base) 있었던 것입니다. 팀에 누를 끼치는 행동이죠. 유사한 경우로 만약 어떤 선수가 다이아몬드를 돌 때 베이스를 밟지 않는다면 아웃이 되므로 역시 잘못된 행동입니다. 그래서 way off base는 비유적으로 온당치 않은 말이나 행동을 하는 사람을 나타낼 때 쓰입니다.

Ex. Your comment about the secretary's appearance was **way off base**.
그 비서의 외모에 관한 너의 말은 잘못된 것이었다.

My boss is **way off base** if he expects me to serve him coffee.
내 상사가 나에게 커피를 타 주는 것을 기대한다면 그것은 상식 밖의 일이다.

Chapter 1. *On the Ball*

3. A ballpark figure
an estimate

야구 경기가 열리는 날이면 많은 사람들이 경기를 보러 옵니다. 많은 사람들이 경기를 보러 오다 보니 한 번에 정확한 숫자를 헤아리는 것은 보통 어려운 일이 아닙니다. 그래서 경기 관계자들은 대충 어림잡아 관중 수를 헤아립니다. 이 야구장에서 유래된 a ballpark figure는 일상생활에서도 대략의 숫자를 나타낼 때 쓰입니다.

Ex. Can you give me **a ballpark figure** on what kind of salary you want?
당신이 어느 정도 봉급을 원하는지 대충이라도 알려 주시겠습니까?

I can't quote you **a ballpark figure** with the poor information I have.
내가 가지고 있는 정보는 빈약해서 대충이라도 너에게 말해 줄 수 없다.

4. To throw someone a curve (ball)/ throw a curve (ball) at someone
to deceive, mislead or surprise someone

야구에서 투수는 커브와 변화구를 던짐으로써 타자를 속입니다. 그래서 일상생활에서도 누군가를 속이거나 혼돈스럽게 하는 사람을 나타낼 때 throw a curve ball이라는 표현을 씁니다.

Ex. Politicians are known for **throwing curves** at the public.
정치인들은 국민을 속이는 것으로 알려져 있다.

Bev **threw me a curve ball** when she said she was pregnant.
베브는 임신했다고 말함으로써 나를 속였다.

5. Right off the bat
immediately

야구에서 타자는 투수가 던진 공을 치기 위해서는 배트를 즉시(right off the bat) 휘둘러야 합니다. 투수와 타자와의 거리를 감안할 때 망설일 시간이 없는 거죠. 그래서 어떤 상황에서 무언가가 즉시 일어날 때 이 야구에서 유래된 표현을 씁니다.

I tried to learn the new dance step, but **right off the bat** I felt foolish.
나는 새로운 댄스 스텝을 배우려고 했지만 즉시 바보 같다는 생각이 들었다.

Everyone thinks Matt is a great guy, but **right off the bat** I thought he was a jerk.
모든 사람이 매트가 훌륭한 사람이라고 생각하지만 나는 바로 그를 멍청이라고 생각했다.

6. To strike out
to fail

야구에서 어떤 타자도 스트라익 아웃(strike out) 당하는 것을 원하지 않을 것입니다. 스트라익 아웃을 당한다는 것은 그만큼 점수 낼 기회를 잃어버리는 것을 의미하죠. 야구에서 유래된 이 표현은 일상생활에서도 쓰여 어떤 사람이 어떤 것을 할 때 비참하게 실패하는 것을 뜻하는데 주로 남자와 여자의 관계에서 쓰입니다.

I guarantee you that you'll **strike out** with Beth. She's too beautiful for you.
나는 네가 베스에게 딱지 맞을 것이라고 확신한다. 그녀는 너에게 과분할 정도로 아름답다.

No matter how hard I try to impress women, it seems I always **strike out** in the end.
내가 아무리 열심히 여자를 감동시키려고 노력해도 결국에는 항상 딱지를 맞는다.

Chapter 1. *On the Ball*

7. Out of someone's league
to be too good or too difficult for someone

미국 메이저 리그는 세계에서 야구를 가장 잘하는 선수들이 모이는 곳입니다. 그래서 메이저 리그의 플레이는 다른 여러 나라의 리그보다 수준이 높습니다. 만약 누군가가 어떤 일을 하는 데 솜씨나 재능이 없다면 메이저 리그에 속하지 않은 야구 선수에 빗대어 그 사람은 수준이 낮다(out of his/her league)라고 말할 수 있습니다. 남녀 관계에서도 종종 이 표현이 쓰입니다. 예를 들어 한 남자가 한 여자를 좋아하는데 그 여자가 그에게 과분하게 아름답거나 매력적일 때 She is out of his league.(그녀는 그와 수준이 다르다.)라고 표현할 수 있습니다.

Judy is **out of your league**, Jim. She's too rich and beautiful for you.
주디는 짐 너와는 수준이 다르다. 그녀는 너에 비해 너무 부자이고 아름답다.

I'm **out of my league** here at this company. I can't handle the job.
이 회사의 일은 내 수준에 맞지 않는다. 일을 할 수가 없다.

8. To get to first base
to reach the first stage of something

야구에서 가장 중요한 목적은 점수를 내는 것입니다. 하지만 이를 가능하게 하려면 먼저 3개의 베이스에서 1루를 밟아야 합니다. 만약 어떤 선수가 1루를 밟는다면 그는 점수 낼 첫 기회를 잡는 것이죠. 이 표현은 종종 남녀의 애정의 초기 단계를 나타낼 때 쓰이기도 합니다. 물론 모든 남자가 홈런을 쳐서 단숨에 점수를 내기를 바라지만 먼저 1루를 밟지 않는다면 이러한 것들은 일어나지 않습니다.

Eric acts like he's Tom Cruise, but he's never **been to first base** with a woman.
에릭은 마치 탐 크루즈처럼 행동하지만 결코 여자와 진전을 이룬 적이 없었다.

The business plan never **got to first base**.
사업 계획은 전혀 진전이 없었다.

9. Out of left field
suddenly, unexpectedly or nonsensical

야구장을 가 보면 홈 플레이트를 기준으로 레프트 필드가 라이트 필드보다 좀 크게 보입니다. 이 말은 공격하는 입장에서 보면 상대적으로 좌익수가 우익수보다 잘 보이지 않는다는 것을 의미하죠. 그래서 타자가 안타를 치고 베이스를 돌 때 상대팀의 좌익수가 레프트 필드에서(out of left field) 갑자기 나타나 공을 던져 타자나 주자를 당황하게 하기도 합니다. 이런 의미에서 이 표현은 기대하지 못한 말이나 출현을 나타내는 데 쓰입니다.

Ex. Rick's comment came **out of left field**. No one understood what he meant.
릭의 말은 갑작스럽게 나왔다. 아무도 그가 말한 의미를 이해하지 못했다.

Your proposal is way **out of left field**. It is complete nonsense.
너의 제안은 갑작스럽다. 그것은 완전히 터무니없는 말이다.

10. To go to bat for someone
to support someone having trouble

야구에는 대타라는 것이 있습니다. 이것은 한 선수가 부상을 입었거나, 경기가 영 풀리지 않을 때 다른 타자가 그 사람을 대신해 타석에 들어서는 것(go to bat for someone)을 말합니다. 어떤 선수가 다른 선수 대신 타석에 들어서는 것은 그 선수를 도와주는 것이라 볼 수 있습니다. 그래서 누군가가 당신 대신에 타석에 들어서는 것은 당신의 어려움을 도와주고 당신을 옹호해 준다는 의미가 됩니다.

Ex. I was wondering if you could **go to bat for** me with the boss. I need your help.
나는 당신이 내 상사에게 나를 옹호해 주셨으면 합니다. 당신의 도움이 필요합니다.

If you ever need me to **go to bat for** you, just let me know.
내가 당신을 도와줄 일이 있으면 알려만 주세요.

Chapter 1. *On the Ball*

Practice

다음 문장 속에 있는 이디엄은 잘못 쓰여진 것입니다. 바르게 고쳐 봅시다.

❶ My dad thinks my friend Billy is at the ball.

   Answer :

❷ In the left field my boss told me he was cutting my pay.

   Answer :

❸ I do not have the population statistics with me, but I can quote you a ballpark number.

   Answer :

❹ Connie agreed to date me, but I didn't arrive at first base.

   Answer :

❺ That was way of base of you to borrow my car without asking.

   Answer :

❻ When my professor drew me a curve ball I gave a silly answer.

   Answer :

❼ Right from the bat I realized that I didn't like my new job.

   Answer :

❽ Do you think Jane is out from my league?

   Answer :

❾ The lawyer went to bat at the homeless man.

   Answer :

❿ Tim strikes out at women all the time.

   Answer :

▶정답과 해석은 18page에

Review

이탤릭 글자로 쓰여진 뜻의 이디엄을 골라 봅시다.

1. If you try to kiss Mary on the first date, you'll *fail miserably*.

    a. be way off base
    b. strike out
    c. be on the ball

2. Don't ask for a raise *right away*. Wait until the right moment.

    a. right off the bat
    b. out of left field
    c. to get to first base

3. Though he is young, John is *intelligent and mature*.

    a. a ballpark figure
    b. on the ball
    c. right off the bat

4. The Johnsons won't talk to my family. They think they are *better than us*.

    a. quoting us a ballpark figure
    b. throwing us a curve ball
    c. out of our league

5. My brother is a good person. He'll *help* anyone who gets in trouble.

    a. go to bat for
    b. strike out with
    c. get to first base

Chapter 1. *On the Ball*

6. That newspaper column was *completely wrong*.

    a. out of my league
    b. throwing me a curve
    c. way off base

7. *Suddenly and without warning*, a deer jumped in front of my car.

    a. out of left field
    b. on the ball
    c. way off base

8. I tried to hold Betty's hand, but she wouldn't let me *get romantic* with her.

    a. quote a ballpark figure
    b. throw a curve
    c. get to first base

9. I *confused the police officer* by pretending I couldn't speak English.

    a. threw the police officer a curve
    b. went to bat for the police officer
    c. struck the police officer out

10. Can you *give me a rough estimate* of how many people were at the concert?

    a. throw me a curve ball
    b. quote me a ballpark figure
    c. right off the bat

▶정답과 해석은 18page에

정답과 해석

Practice
1. My dad thinks my friend Billy is **on the ball**.
   내 아버지는 내 친구 빌리가 유능하다고 생각한다.
2. **Out of left field** my boss told me he was cutting my pay.
   갑자기 내 상사가 내 월급을 삭감하겠다고 말했다.
3. I do not have the population statistics with me, but I can quote you **a ballpark figure**.
   나에게는 인구 통계 자료가 없지만 대충은 너에게 말해 줄 수 있다.
4. Connie agreed to date me, but I didn't **get to first base**.
   커니는 내 데이트를 받아주었지만 나는 진전을 이루지는 못했다.
5. That was **way off base** of you to borrow my car without asking.
   부탁도 하지 않고 내 차를 빌려 가는 것은 잘못된 일이다.
6. When my professor **threw me a curve** ball I gave a silly answer.
   교수님이 의표를 찌르는 질문을 했을 때 나는 바보 같은 답을 했다.
7. **Right off the bat** I realized I didn't like my new job.
   나는 바로 내 새 직업이 마음에 들지 않는다는 것을 깨달았다.
8. Do you think Jane is **out of my league**?
   제인이 나와 수준이 맞지 않는다고 생각하니?
9. The lawyer **went to bat for** the homeless man.
   변호사는 그 집 없는 사람을 변호했다.
10. Tim **strikes out with** women all the time.
    팀은 항상 여자들에게 딱지를 맞는다.

Review
1. (b) 네가 첫 데이트에서 메리에게 키스를 하려 한다면 너는 비참하게 실패할 것이다.
2. (a) 바로 임금 인상을 요구하지 마세요. 적절한 순간까지 기다리세요.
3. (b) 존은 비록 어리지만 영리하고 성숙하다.
4. (c) 존슨 가족은 내 가족과 이야기하지 않을 것이다. 그들은 우리보다 낫다고 생각한다.
5. (a) 내 형은 좋은 사람이다. 그는 어려움에 처한 사람은 누구나 도울 것이다.
6. (c) 그 신문 칼럼은 완전히 잘못되었다.
7. (a) 갑작스럽게 사슴 한 마리가 내 차 앞에 뛰어들었다.
8. (c) 나는 베티의 손을 잡으려고 했지만 그녀는 나와 더 이상 진전되는 것을 바라지 않았다.
9. (a) 나는 영어를 못하는 척해서 경찰관을 당황케 했다.
10. (b) 얼마나 많은 사람이 콘서트에 왔는지 대충이라도 말해 줄 수 있어요?

Chapter 2

No Dice. (헛수고다.)

Theme : Gambling (주제 : 도박)

Warm Up

1. What card games do you know how to play?
2. Have you ever lost money gambling?
3. How do you feel about casinos and gambling in general?

      1. 당신은 어떤 카드 게임을 할 수 있습니까?
      2. 당신은 도박을 해서 돈을 잃은 적이 있습니까?
      3. 당신은 카지노와 일반적인 도박에 대해 어떻게 생각합니까?

Reading

다음은 실패한 사업에 대한 이야기입니다.

Jack : How did that business deal go?
Phil : **Close, but no cigar**. I thought I would **hit the jackpot** this time, but I guess it just **wasn't in the cards**.
Jack : So, **no dice**?
Phil : Yeah, it was hard to tell what the other guy was thinking. He had such a **poker face**.
Jack : I'm surprised he didn't take your offer. I heard that **when the chips were down**, you were willing to **ante up** a lot of money.
Phil : I know. It doesn't make sense. I **played my cards right**. Maybe he was**n't playing with a full deck**.
Jack : Or he just wasn't ready to **cash in his chips** yet.

Chapter 2. *No Dice*

 해석

잭 : 그 사업은 어떻게 됐어?

필 : 거의 성사될 뻔했지만 실패했어. 이번에는 대성공을 할 것으로 생각했는데 생각처럼 잘 되지 않더군.

잭 : 그래서 헛수고로 끝났어?

필 : 그래, 그가 뭘 생각하는지 알 수가 있어야지. 그는 정말 얼굴에 표정이 없어.

잭 : 그가 너의 제안을 받아들이지 않았다니 놀라운데. 결정적인 순간에 네가 기꺼이 많은 돈을 걸었다고 들었는데.

필 : 맞아. 나도 잘 이해가 안 돼. 일을 잘 처리했는데 말이야. 아마도 그는 제정신이 아닌 사람 같아.

잭 : 아니면 그는 돈을 벌 준비가 안 되어 있거나.

Vocabulary

1. Close, but no cigar.	근접했지만 이루지 못하다
2. to hit the jackpot	대성공하다, 히트를 치다
3. to not be in the cards	예상대로 되지 않다
4. No dice.	잘 되지 않다. 헛수고.
5. poker face	무표정한 얼굴
6. when the chips are down	위급할 때, 중요한 순간에
7. to ante up	돈을 걸다
8. to play one's cards right	일을 잘 처리하다
9. to not be playing with a full deck	분별(이성)이 없다
10. to cash in one's chips	칩을 현금으로 바꾸다

Origins & Examples

1. Close, but no cigar
almost, but not quite

옛날에 어떤 경기에서는 우승을 하면 상으로 시가(cigar)가 주어졌습니다. 어떤 사람들은 경기를 아주 잘하고도 아깝게 우승을 하지 못한 경우가 있는데 이런 사람들은 우승에 근접했지만(close) 시가를 타는 데에는 실패한 것이죠.(no cigar) 그래서 오늘날 우리는 어떤 것을 거의 성취할 뻔했지만 성공하지 못한 경우를 나타낼 때 이 표현을 씁니다.

My horse didn't win the race. It was **close, but no cigar**.
내 말이 경주에서 졌다. 거의 우승할 뻔했지만 우승하지 못했다.

I almost got an A⁺ on the exam. **Close, but no cigar**.
나는 시험에서 거의 A⁺를 받았다. 모두 A⁺를 받을 뻔했지만 그렇지 못한 것이다.

2. To hit the jackpot
to be lucky; to make a lot of money

드로우 포커(draw poker : 게임을 시작하기 전에 들고 있는 패 5장 중 3장까지 바꿀 수 있는 포커 게임)에서는 카드를 펼치기 위해서는 잭(Jack)이 2장 이상 있어야 하고 그렇지 않으면 판이 돌 때마다 판돈을 얹어야 합니다. 아무도 잭을 가지고 있지 않으면 판돈(pot)은 커져만 가죠. 그러다가 누군가가 잭팟을 치고 쌓여 있는 돈을 모두 쓸어 갑니다. 1880년대 포커 게임에서 유래된 이 표현은 큰 상이나 일반적으로 운이 좋음을 나타낼 때 쓰입니다.

I **hit the jackpot** when I sold that house. I made $50,000 on the deal.
내가 그 집을 판 것은 대성공이었다. 그 거래에서 5만 불을 벌었다.

Mr. Jackson **hit the jackpot** playing roulette in Atlantic City.
잭슨 씨는 아틀랜틱 시에서 룰렛 게임을 해서 큰돈을 벌었다.

Chapter 2. *No Dice*

3. To not be in the cards
not destined to happen

카드 게임에서 운은 상당히 중요합니다. 만약에 당신이 좋은 카드를 받아서 이긴다면 당신의 승리는 카드 때문이라 할 수 있고 반대로 나쁜 카드를 받아서 진다면 카드 때문에 진 것이라 이야기할 수 있습니다. 그래서 이 표현은 사람의 운이나 운명을 나타낼 때 쓰입니다.

Ex. I had hoped to be an astronaut, but it was**n't in the cards**.
나는 우주비행사가 되고 싶었지만 생각대로 되지 않았다.

Success just was**n't in the cards** for Bill. He went bankrupt five times.
성공은 빌의 생각대로 되지 않았다. 그는 다섯 번이나 파산했다.

4. No dice.
It didn't work out.

20세기 초부터 쓰이기 시작한 no dice는 주사위 노름을 할 때 이길 수 있는 숫자를 던지지 못함을 나타냅니다. 그래서 이 표현은 '안 된다', 또는 '헛수고다' 라는 뜻으로 불운한 상황을 일반적으로 나타낼 때 쓰입니다.

Ex. They wouldn't sign the contract. They said, "**No dice**."
그들은 그 계약서에 사인을 하지 않았다. 그들은 "헛수고가 됐군."이라고 말했다.

Betty tried to meet Tom Cruise, but **no dice**.
베티는 탐 크루스를 만나려 했지만 헛수고였다.

5. Poker face
a blank or inscrutable expression

포커 선수들은 웃거나 얼굴을 찌푸려서 그들의 감정을 나타내지 않으려고 합니다. 그래서 우리는 감정을 잘 숨기는 사람을 가리킬 때 poker face라는 표현을 씁니다. 이 말은 또한 감정이 부족한 사람을 나타낼 때 쓰이기도 합니다.

Ex. Stan is such a **poker face**. He never smiles.
스탠은 얼굴에 표정이 없다. 그는 결코 웃지 않는다.

Ted has a good **poker face**. You never know if he is bluffing or not.
테드는 얼굴에 표정이 없다. 너는 그가 허세를 부리는 것인지 아닌지 결코 알지 못한다.

6. When the chips are down
when the right decision must be made

chip은 포커와 같은 게임에서 판돈으로 현금 대신 쓰는 동전 모양의 플라스틱을 말합니다. chip을 다 걸고 나면(when the chips are down) 각자의 카드를 펼쳐 보이고 누가 그 판을 이겼는지를 가리게 됩니다. 게임에서 가장 중요한 순간이 되는 것이죠. 그래서 1800년대 말부터 쓰인 이 표현은 위급한 상황이나 중대한 국면을 나타내는 말로 쓰입니다.

Ex. The President always does the right thing **when the chips are down**.
대통령은 유사시에는 항상 올바른 결정을 내려야 한다.

When the chips were finally down, my opponent gave up and walked away.
최종적으로 결정이 내려졌을 때 나의 경쟁자는 포기하고 사라졌다.

Chapter 2. *No Dice*

7. To ante up
to produce a certain amount of money

포커 선수들은 매번 판이 돌아갈 때마다, 카드를 받기에 앞서 일정액의 돈을 테이블 중앙에 던지곤 했었는데, 이 돈을 ante라고 불렀습니다. 모든 선수들은 자기 차례가 되면 ante up 해야 했던 거죠. 1800년대 중반부터 막연하게 쓰였던 이 표현은 또한 누군가에게 치러야 할 돈을 지불한다는 뜻으로 쓰이기도 합니다.

You lost the bet, so **ante up**!
너는 내기에서 졌다. 그러니 액수를 올려라!

Donald Trump was forced to **ante up** $50 million to his ex-wife.
도널드 드럼프는 그의 전처에게 5천만 달러를 지불해야 했다.

8. To play one's cards right
to do everything correctly

카드 게임을 잘하는 사람들은 올바른 베팅을 하고 그들의 카드를 잘 사용해서(play one's cards right) 게임을 이깁니다. 1700년대 중반부터 쓰인 이 표현은 사람들이 자기의 모든 것을 잘 사용한 상황을 나타낼 때 쓰입니다.

If our team **plays its cards right**, we'll win the game.
우리 팀이 모든 것을 바르게 처리한다면 우리는 경기에서 승리할 것이다.

I didn't **play my cards right** during the interview, so I didn't get the job.
나는 면접에서 적절히 대처를 하지 못해 일자리를 얻지 못했다.

9. To not play with a full deck
to not be rational or sane

카드 한 벌은(a full deck of cards) 52장입니다. 완전하지 않은 카드 한 벌로 게임을 하는 사람은 아마 제정신이 아닐 것입니다. 다른 말로 표현하면 a few cards short of a full deck 라고 말할 수도 있습니다.

I don't think that guy is **playing with a full deck**. He's always talking to himself.
나는 그가 제정신이라고 생각하지 않는다. 그는 항상 혼자 지껄인다.

You paid $1,000 for that shirt? Are you **playing with a full deck**?
저 셔츠를 천 달러나 주고 샀다고요? 당신 제정신이에요?

10. To cash in one's chips
to sell something and take the profit

카지노에서 게임을 끝낸 사람들은 가지고 있는 칩을 현금으로 바꿉니다. 이것을 cash in one's chips라고 말하죠. 1800년대 후반부터 쓰인 이 표현은 거래를 정리하거나 어떤 것을 팔아서 큰돈을 벌 때 일반적으로 사용됩니다.

When my stocks stop going up, I'm going to **cash in my chips**.
나는 주식이 상한가가 될 때 팔아서 이익을 챙길 것이다.

Ben's not ready to **cash in his chips** and retire yet. He's only 50 years old.
벤은 사업을 정리하고 은퇴할 때가 아니다. 그는 이제 50살이다.

Chapter 2. *No Dice*

Practice

이디엄이 올바르게 쓰였다면 T, 그렇지 않다면 F에 동그라미를 치세요.

❶ My mother has a poker face. She smiles all the time.
   T/F

❷ I bought a lottery ticket and hit the jackpot. I won $10,000!
   T/F

❸ If you play your cards right, you'll earn a lot of money.
   T/F

❹ I scored the winning goal for our team. Close, but no cigar.
   T/F

❺ I tried to get an interview, but no dice. Someone already got the job.
   T/F

❻ Marriage was not in the cards for Ed. He died a bachelor.
   T/F

❼ Ken is smart. He isn't playing with a full deck.
   T/F

❽ Ante up! You owe me $200, Rob.
   T/F

❾ When the chips were down, the general led his soldiers to victory.
   T/F

❿ Most people cash in their chips when they are teenagers.
   T/F

▶정답과 해석은 30page에

27

Review

이탤릭 글자로 쓰여진 뜻의 이디엄을 골라 봅시다.

1. We hoped to win the championship, but *it didn't happen*.

    a. I hit the jackpot
    b. no dice
    c. it was in the cards

2. If you ask me, Ted *is crazy*.

    a. played his cards right
    b. has to ante up
    c. isn't playing with a full deck

3. I never know what Ralph is thinking. *His face is expressionless*.

    a. He has a poker face.
    b. He isn't playing with a full deck.
    c. He cashed in his chips.

4. *During a crisis*, Americans always prevail.

    a. When the chips are down
    b. When they hit the jackpot
    c. When they play their cards right

5. After my trip to Europe I had to *pay a lot of money* for my credit card bill.

    a. hit the jackpot
    b. cash in my chips
    c. ante up

Chapter 2. *No Dice*

6. I wanted to get a promotion, but I *made too many mistakes*.

    a. didn't play my cards right
    b. didn't get the cigar
    c. didn't play with a full deck

7. Tina nearly won the race. *She narrowly lost*.

    a. No dice.
    b. Close, but no cigar.
    c. The chips were down.

8. After committing the crime, Jones *sold his possessions* and left the country.

    a. hit the jackpot
    b. played his cards right
    c. cashed in his chips

9. I *really got lucky* when I bought this property.

    a. had a poker face
    b. hit the jackpot
    c. had to ante up

10. Happiness is *not everyone's fate*.

    a. not in the cards for everyone
    b. no dice for everyone
    c. close, but no cigar for everyone

▶정답과 해석은 30page에

정답과 해석

Practice
1. F. 엄마는 표정이 없다. 그녀는 항상 웃는다.
2. T. 나는 복권을 사서 큰돈을 벌었다. 만 불이나 벌었다.
3. T. 네가 모든 일을 잘 처리한다면 큰돈을 벌 것이다.
4. F. 내가 우리 팀에서 결승골을 넣었다. 이길 뻔했지만 이기지 못했다.
5. T. 나는 면접을 보려 했지만 헛수고로 끝났다. 누군가가 벌써 그 일을 얻었다.
6. F. 결혼은 에드의 생각대로 되지 않았다. 그는 총각으로 죽었다.
7. F. 켄은 영리하다. 그는 제정신이 아니다.
8. T. 액수를 올려라! 너는 200불을 빚졌다, 롭.
9. T. 위급할 때 그 장군은 장병들을 승리로 이끌었다.
10. F. 대부분의 사람들이 십대일 때 장사를 해서 돈을 번다.

Review
1. (b) 우리는 우승하기를 희망했지만 그렇지 못했다.
2. (c) 네가 나에게 물었으니 말하는데 테드는 제정신이 아니다.
3. (a) 나는 랄프가 무슨 생각을 하는지 모르겠다. 그의 얼굴은 표정이 없다.
4. (a) 위험이 닥치면 미국인들은 항상 극복한다.
5. (c) 유럽 여행 후 나는 신용카드 대금 때문에 많은 돈을 지불해야 했다.
6. (a) 나는 승진을 원했지만 너무 많은 실수를 했다.
7. (b) 티나는 그 경주에서 이길 뻔했다. 그녀는 아깝게 졌다.
8. (c) 존은 범죄를 저지른 후 그 재산을 처분하고 그 나라를 떠났다.
9. (b) 내가 이 목장을 샀을 때 정말 운이 좋았다.
10. (a) 행복은 모든 사람의 운명이 아니다.

Chapter 3

Guns Blazing (허세를 부리다)
       Theme : Guns (주제 : 총)

Warm Up

1. Would you like to own a gun? Why or why not?
2. Do you know anyone who owns a gun?
3. Do you think toy guns are appropriate for children?
4. Why do you think guns are an important part of American culture?

   1. 당신은 총을 소유하고 싶습니까? 소유하고 싶은 이유와 소유하고 싶지 않은 이유는 무엇인가요?
   2. 당신은 총을 가지고 있는 사람을 알고 있습니까?
   3. 당신은 장난감 총이 아이들에게 적합하다고 생각합니까?
   4. 당신은 총이 왜 미국 문화에서 중요한 부분을 차지한다고 생각합니까?

Reading

다음은 한 대학원생이 직업을 구하는 이야기입니다.

After I graduated with my MBA, I **set my sights on** finding a high-paying job. But I made many mistakes in my job interviews because I **went in with guns blazing**. Before interviewers could finish asking me their questions, I **jumped the gun** and started listing my demands. I wanted the very best job — **lock, stock and barrel** — but I only **shot myself in the foot**.

After that experience I **bit the bullet** and improved my interview skills. I promised myself that I would **keep my powder dry** and not **go off half-cocked** to an interview. I didn't want to be just another **flash in the pan**. Anyway, I **stuck to my guns** and now have a well-paying job.

Chapter 3. *Guns Blazing*

> **해석**

　나는 경영관리학 석사를 취득한 후, 월급을 많이 주는 직업을 목표로 삼았다. 그러나 나는 너무 허세를 부렸기 때문에 면접에서 많은 실수를 했다. 면접관이 질문을 끝내기도 전에 나는 서둘러서 나의 요구 사항들을 나열했던 것이다. 나는 모든 것이 완벽한 — 다 갖춘 — 직업을 얻기를 원한 것이었지만 그것은 도끼로 내 발등을 찍은 꼴이었다.
　그 경험 이후 나는 이를 악물고 면접 기술을 익혔다. 철저히 준비해서 면접에 불충분하게 대비하지 않을 것이라고 내 자신에게 약속했다. 나는 한순간만 반짝이는 사람이 되고 싶지 않았다. 어쨌든 나는 물러서지 않고 최선을 다했기에 지금 잘 나가는 직업을 가지고 있다.

Vocabulary

1. to set one's sights on something	~을 목표로 하다
2. to go in with guns blazing	허세를 부리다
3. to jump the gun	조급히 굴다
4. lock, stock and barrel	전부, 모조리
5. to shoot oneself in the foot	자기에게 해가 되는 행동을 하다
6. to bite the bullet	고통을 꾹 참다
7. to keep one's powder dry	만일의 경우에 대비하다
8. to go off half-cocked	준비가 불충분한 가운데 시작하다
9. flash in the pan	일시적인 성공, 용두사미
10. to stick to one's guns	입장을 고수하다, 물러서지 않다

Origins & Examples

1. To set one's sights/have one's sights set on something
to have a plan for something

총의 가늠쇠(sights)는 총을 정확하게 조준하는 것을 도와줍니다. 총을 쏘기 전에 정확하게 조준을 해야 원하는 목표물을 맞출 수 있습니다. 그래서 총을 가지고 조준을 하는 것처럼 어떤 목표나 목적을 정할 때 이 표현을 씁니다.

I **have my sights set on** going to Europe this summer.
나는 이번 여름에 유럽 여행을 하기로 마음먹었다.

I **had my sights set on** Alice, but she didn't want to date me.
나는 앨리스에게 마음을 두었지만 그녀는 나와 데이트하는 것을 원하지 않았다.

2. To go in/into (somewhere) with guns blazing
to do something with too much bravado

서부 시대에 총잡이들은 종종 상대방을 놀라게 하거나 압도하기 위해 총을 난사하면서 (going in with guns blazing) 총싸움을 시작했습니다. 물론 이런 행동은 적의 총탄 세례를 받을 위험이 있죠. 서부 시대 총싸움 전략을 묘사했던 이 표현은 지금은 호전적이거나 때로는 드라마틱하게 어떤 것을 시작하는 행동을 나타냅니다.

Because the lawyer **went into the court with guns blazing**, he failed to win the case.
그 변호사는 허세를 부리고 법정에 갔기 때문에 재판에서 졌다.

Going in with guns blazing is not an effective way to win an argument.
허세를 부리는 것은 논쟁에서 이기는 효과적인 방법이 아니다.

Chapter 3. *Guns Blazing*

3. To jump the gun
to do something prematurely

총은 때때로 경주 시작을 알릴 때 사용되기도 합니다. 만약 어떤 선수가 총을 쏘기 전에 출발했다면 그 선수는 규칙을 어기고 성급하게 뛰어나간 것입니다.(jump the gun). 그 결과 그 선수 때문에 경주를 다시 시작해야 하죠. 만약 그 선수가 다시 한 번 총 쏘기 전에 출발한다면 그는 실격이 되어 더 이상 경주에 참가할 수 없게 됩니다. 그래서 너무 성급하게 어떤 일을 하는 사람을 말할 때 이 표현을 씁니다.

I wanted Tina to marry me, but I **jumped the gun** and proposed too soon.
나는 티나와 결혼하고 싶었지만 성급하게 너무 빨리 프로포즈했다.

Don't **jump the gun** and ask for a raise. You've only been here for one month.
성급하게 서둘러서 월급 인상을 요구하지 마세요. 당신은 여기에서 일한 지 겨우 한 달밖에 되지 않았잖아요.

4. Lock, stock and barrel
everything; completely

구식 총이나 18세기 소총은 발사 장치인 lock, 나무 어깨받이인 stock, 그리고 금속관인 barrel로 이루어져 있었습니다. 이 부품들은 따로따로 팔기도 했는데 많은 사람들은 한꺼번에 모든 것을 다 샀습니다. 그래서 오늘날에도 어떤 것을 완전히 사거나 팔 때 종종 이 표현을 쓰고 있습니다.

The professor stole and copied someone else's essay **lock, stock and barrel**.
그 교수는 다른 사람의 평론을 모두 베껴 썼다.

I bought the house **lock, stock and barrel**.
나는 그 집 전체를 다 샀다.

5. To shoot oneself in the foot
to do something that hurts oneself

서부 시대에 총잡이들은 총을 쉽고 빠르게 뽑기 위해 권총용 가죽 케이스나 특별히 제작된 가죽 탄대에 총을 넣어 가지고 다녔습니다. 총싸움이 시작될 때 어리숙한 총잡이들은 권총집에 권총을 뽑다가 방아쇠를 당겨 자기 발을 쏘기도 했습니다.(shoot oneself in the foot) 그래서 이 서부 시대에 쓰인 표현은 자기 자신에게 상처를 입히는 것을 말할 때 쓰입니다.

Businesses that cheat their customers are only **shooting themselves in the foot**.
고객을 속이는 사업은 자살 행위이다.

I **shot myself in the foot** by calling my boss stupid. He fired me the next day.
내가 내 상사를 멍청이라고 부른 것은 자살 행위였다. 그는 다음날 나를 해고했다.

6. To bite the bullet
to accept a problem and try hard to overcome it

19세기 미국의 개척 시대에는 총싸움이 종종 일어났습니다. 만약 어떤 사람이 불행히도 총상을 입으면 마취제를 쉽게 구할 수 없었으므로 그는 의사가 총알을 제거하는 동안 심한 아픔을 견뎌야 했습니다. 의사는 환자의 고통을 덜어 주기 위해 총알을 입에 물리곤 했습니다.(bite the bullet) 그래서 우리는 어떤 것을 참고 견뎌야 할 때 이 표현을 씁니다.

The CEO **bit the bullet** and admitted he was wrong.
그 CEO는 이를 악물고 그가 틀렸다는 것을 시인했다.

John **bit the bullet** and paid his gambling debts.
존은 이를 악물고 그의 노름빚을 갚았다.

Chapter 3. *Guns Blazing*

7. To keep one's powder dry
to be ready for a challenge with little warning

구식 소총을 쏘기 위해서는 총열에 화약을 넣어야 하는 비교적 긴 과정이 필요했습니다. 화약은 젖으면 그 역할을 할 수가 없었습니다. 그래서 만약 어떤 군인이 전쟁터에서 화약을 적셨다면 그는 생명이 위태로운 상황에 직면했을 것입니다. 그러나 그가 화약을 젖지 않게 잘 관리한다면(keep one's powder dry) 그는 적의 공격에 잘 대비하고 있는 것이 됩니다. 그래서 1800년대부터 쓰인 이 표현은 빈틈없는 대비를 나타내는 데 쓰입니다.

Sally promised to **keep her powder dry** and fight for the feminist cause.
샐리는 빈틈없이 대비해서 여성 해방 운동을 위해 싸울 것이라고 약속했다.

Trust in the Lord and **keep your powder dry**!
하느님을 믿고 빈틈없이 대비하라.

8. (To go off) half-cocked
to rush into action; speak without thinking

옛날에 부싯돌로 발화하는 총의 공이치기는 수탉처럼 생겼기 때문에 cock라고 불렸습니다. 이 부싯돌로 발화하는 총은 공이치기를 당겨야 발사할 준비가 되는데 종종 공이치기가 완전히 뒤로 젖혀지지 않아서 총이 발사가 되지 않았습니다. 그래서 이렇게 공이치기가 완전히 젖혀지지 않는 총을 들고 다닌다(go off half-cocked)는 것은 어리석은 일이므로 생각이 없이 말하거나 준비 없이 어떤 것을 하는 행동을 묘사할 때 이 표현을 씁니다.

Stop sending me these **half-cocked** e-mails!
나에게 이 바보 같은 이메일을 보내지 마라!

Don't **go off half-cocked** to see your clients. You'll just lose business.
준비가 충분히 되지 않은 채로 고객을 만나지 말아라. 그러면 사업에 실패할 뿐이다.

9. Flash in the pan
someone that starts off really well but then fails

17세기의 부싯돌로 발화하는 소총은 화약을 총구멍 안에 넣고 화약을 점화해야 발사가 되었습니다. 만약 총구멍 안의 화약을 점화하는 것에 실패하면 총의 약실에 불꽃(flash in the pan)만 튈 뿐 발사는 되지 않았습니다. 그래서 이 표현은 열의를 가지고 일을 시작하지만 점점 기대에 어긋나게 행동하는 사람을 나타낼 때 쓰입니다.

Ex. The basketball star signed a lucrative contract, but he was just a **flash in the pan**.
그 야구 스타는 수지 맞는 계약에 사인을 했지만 그는 단지 반짝 스타였다.

Vanilla Ice was a **flash in the pan** rap singer in the 1980s.
바닐라 아이스는 1980년대에만 반짝였던 랩 가수였다.

10. To stick to one's guns
to not falter

전쟁터에서 총을 똑바로 세우고(stick to one's gun) 자기 위치를 충실히 지키는 것은 적이 공격을 해 와도 달아나지 않고 맞서 싸운다는 것을 의미합니다. 그래서 1800년대 중반부터 쓰인 이 표현은 단념하지 않고 어떤 것을 끝까지 해내는 것을 나타냅니다.

Ex. If you **stick to your guns** others will respect you.
당신이 단념하지 않고 끝까지 해 낸다면 사람들이 당신을 존경할 것이다.

I **stuck to my guns** and became a successful journalist.
나는 단념하지 않고 끝까지 해 내서 훌륭한 기자가 되었다.

Chapter 3. *Guns Blazing*

Practice

바른 문장이 되도록 괄호 안에 알맞은 단어를 써 넣으세요.

❶ I (   ) the gun when I asked Rick for a loan. I had only known him for a week.

❷ You're only (   ) yourself in the foot by disobeying your father.

❸ To lose weight you will have to bite the (   ) and go on a diet.

❹ I decided to buy the company lock, stock and (   ).

❺ Ellen (   ) to her guns and became a famous novelist.

❻ If you keep going off (   ) like that you will lose all your friends!

❼ After completing high school, Rhonda set her (   ) on becoming a lawyer.

❽ When on duty, soldiers should keep their (   ) dry at all times.

❾ The Beatles were no (   ) in the pan pop group. Their songs are still popular.

❿ The robbers went into the bank with guns (   ).

▶정답과 해석은 42page에

Review

이탤릭 글자로 쓰여진 뜻의 이디엄을 골라 봅시다.

1. I *acted prematurely* when I accused Wayne of eating my candy. Sally was the culprit.

    a. bit the bullet
    b. stuck to my guns
    c. jumped the gun

2. John only *hurt himself* by shouting at his landlord. Now he has to move out.

    a. went off half-cocked
    b. shot himself in the foot
    c. kept his powder dry

3. Anyone who works hard and *never gives up* can be a success.

    a. is a flash in the pan
    b. goes in with guns blazing
    c. sticks to his guns

4. I won the talent contest, but *no one talked about me* after that.

    a. I was a flash in the pan
    b. they said I was lock, stock and barrel
    c. I stuck to my guns

5. My father always told me to *be prepared for any challenge*.

    a. bite the bullet
    b. keep my powder dry
    c. set my sights on myself

Chapter 3. *Guns Blazing*

6. Politicians who *speak without thinking* are never popular.

    a. go off half-cocked
    b. jump the gun
    c. shoot themselves in the foot

7. During the recession I *lost all of my savings*.

    a. had a flash in the pan
    b. went in with guns blazing
    c. lost my savings lock, stock and barrel

8. The killer came out of the building *shooting wildly*.

    a. with guns blazing
    b. and bit the bullet
    c. going off half-cocked

9. Nita *wanted to be* a doctor, but she never made it through medical school.

    a. stuck to her guns to be
    b. set her sights on being
    c. kept her powder dry to be

10. To pass the course, I had to *endure* the professor's boring lectures.

    a. bite the bullet and listen to
    b. go in with guns blazing and listen to
    c. jump the gun and listen to

▶정답과 해석은 42page에

정답과 해석

Practice
1. jumped
   내가 릭에게 돈을 빌려 달라고 한 것은 성급한 행동이었다. 내가 릭을 안 것은 겨우 일주일밖에 안 되었다.
2. shooting
   네가 아버지 말을 거역하는 것은 자살 행위나 다름없다.
3. bullet
   살을 빼려면 인내심을 가지고 다이어트를 계속해야 한다.
4. barrel
   나는 그 회사의 모든 것을 사기로 결심했다.
5. stuck
   엘렌은 단념하지 않고 끝까지 나아갔기 때문에 유명한 소설가가 되었다.
6. half-cocked
   네가 계속 바보 같은 행동을 계속한다면 너는 모든 친구를 잃을 것이다.
7. sights
   론다는 고등학교를 졸업한 후 변호사가 되는 것에 목표를 두었다.
8. powder
   군인들은 근무 중일 때 항상 만일의 사태에 대비해야 한다.
9. flash
   비틀즈는 잠깐 반짝였던 팝 그룹이 아니었다. 그들의 노래는 여전히 인기가 있다.
10. blazing
    강도들은 총을 난사하며 은행 안으로 들어갔다.

Review
1. (c) 내가 웨인이 내 사탕을 먹었다고 나무란 것은 너무 성급하게 행동한 것이었다. 범인은 샐리였다.
2. (b) 존이 집주인에게 소리친 것은 자살 행위였다. 지금 그는 이사를 가야 한다.
3. (c) 열심히 일하고 결코 물러서지 않는 사람은 성공할 것이다.
4. (a) 나는 탤런트 시험에 합격했지만 그 후에 아무도 나에 대해 말을 하지 않았다.
5. (b) 아버지는 내가 만일의 사태에 항상 대비하고 있어야 한다고 말씀하셨다.
6. (a) 생각 없이 말하는 정치인들은 결코 인기를 얻지 못한다.
7. (c) 경기가 좋지 않은 동안에 나는 저금한 돈을 모두 까먹었다.
8. (a) 그 살인자는 총을 난사하면서 건물에서 나왔다.
9. (b) 니타는 의사가 되고 싶었지만 그녀는 의대를 졸업하지 못했다.
10. (a) 그 과정을 통과하기 위해 나는 그 교수의 지루한 강의를 참고 견뎌야 했다.

Chapter 4

On the Warpath (성나서, 싸울 기세로)
Theme : War and military (주제 : 전쟁과 군대)

Warm Up

1. How many weapons can you name in English?
2. What weapons did people use in ancient times?
3. Do you think violence is ever justified?

1. 당신은 얼마나 많은 무기를 영어로 말할 수 있습니까?
2. 옛날 사람들은 어떤 무기를 사용했을까요?
3. 당신은 폭력은 정당화될 수 있다고 생각합니까?

Reading

다음은 함께 일하기 힘든 동료에 관한 이야기입니다.

Cheryl : How's your project going?
Pam : Terrible, actually. Herb is a **loose cannon** and he's got the whole office **up in arms**.
Cheryl : I know. He **went ballistic** yesterday and **gave everyone flak** because Mark was two minutes late. He's really **burning bridges** these days.
Pam : Anyway, he's **on the warpath** again so I've decided to quit my job. I'm going to **drop the bomb** tomorrow morning.
Cheryl : You're **going AWOL**? I don't think I can **hold the fort** without you.
Pam : Well, it will be an **uphill battle** for you.

Chapter 4. *On the Warpath*

셰럴 : 네가 하는 일은 잘 되가니?
팜 : 아주 엉망이야. 헙은 통제 불능이라 모든 사무실 사람들에게 화를 잘 내.
셰럴 : 나도 알아. 어제 마크가 2분 늦었기 때문에 그는 울컥해서 모두를 거칠게 비난했지. 그는 요즘에 사람들에게 너무 심하게 대하는 것 같아.
팜 : 어쨌든 그가 다시 화를 내서 나는 회사를 그만두기로 했어. 나는 내일 아침에 폭탄 선언을 할 거야.
셰럴 : 그만둔다고? 나는 너 없이는 일을 할 수가 없는데.
팜 : 글세, 너에게도 힘든 일이 되겠다.

Vocabulary

1. loose cannon		통제 불능인 사람, 무책임한 사람
2. up in arms		싸울 채비를 하고, 격노하여
3. to go ballistic		미치다
4. to give someone flak		혹독한 비판을 하다
5. to burn bridges		관계를 악화시키다
6. to be on the warpath		성나서, 싸울 기세로
7. to drop the bomb		충격을 주다, 크게 동요시키다
8. to go AWOL		무단 결근하다, 탈영하다
9. to hold the fort		(대신) 직책을 수행하다
10. uphill battle		힘든 싸움

Origins & Examples

1. Loose cannon
a person who does not follow proper etiquette when speaking to others; a reckless speaker

이 표현은 원래 군함 위에 불안전하게 놓여진 대포를 말합니다. 이 불안전한 대포는 (loose cannon) 폭풍우나 전투 때 갑자기 발포되므로 군함이나 선원에게 아주 위험한 물건이었습니다. 그래서 1900년대 초부터 이 표현은 제어할 수 없거나 무책임한 사람을 나타낼 때 쓰입니다.

 When I was young I was **a loose cannon**, but now I think carefully before I speak.
내가 어렸을 때는 무책임했지만 지금은 말하기 전에 신중히 생각한다.

If you weren't such **a loose cannon** you'd have more friends.
네가 만약 무책임한 사람이 아니었다면 너는 많은 친구들이 있었을 것이다.

2. To be up in arms (about something)
to be upset or angry

arms는 무기를 뜻하는 말입니다. up in arms는 1500년대 후반부터 무장 봉기를 조장하는 사람을 묘사할 때 쓰였습니다. 그러나 1700년대를 지나면서 이 표현은 어떤 것에 화를 내는 사람을 나타내는 말로 쓰이고 있습니다.

 After learning of the presidential scandal, the whole country was **up in arms**.
대통령의 스캔들을 안 후에 모든 국민이 화를 냈다.

My mom is **up in arms** about my poor grades.
엄마는 내 나쁜 성적에 대해 화를 냈다.

Chapter 4. *On the Warpath*

3. To go ballistic
to go crazy

탄도 미사일(ballistic missile)은 사거리가 긴 핵무기입니다. 1980년대 중반부터 쓰인 go ballistic은 통제할 수 없는 유도 미사일을 나타내는 말입니다. 통제할 수 없다는 것은 제정신이 아니거나 극도로 화가 났다는 것을 의미하기도 합니다.

When I told Sue I wanted to break up with her she **went ballistic**.
내가 수에게 헤어지자고 말했을 때 그녀는 매우 화를 냈다.

My little brother **went ballistic** when I took his candy.
내 동생은 내가 그의 사탕을 먹자 매우 화를 냈다.

4. To give someone flak
to give someone harsh criticism

flak는 Fliegerabwehrkanone(대공포)라는 독일어에서 온 말로 2차 세계 대전에 쓰인 전쟁 용어입니다. 지금도 그 원래 의미는 남아 있지만 누군가를 반대하거나 비난할 때 giving someone flak라는 표현을 씁니다.

My wife always **gives me flak** when I come home late.
내가 집에 늦게 들어올 때 내 아내는 항상 굉장히 화를 낸다.

Jim **gave the new worker flak** for phoning in sick.
짐은 아파서 결근하겠다고 전화한 새 신입 사원을 신랄하게 비난했다.

5. To burn bridges
to damage relationships by one's actions

역사를 통해 보면 다리를 불 태우는 것(burning bridge)은 적의 군대의 움직임을 방해하는 일반적인 전술이었습니다. 그러나 1800년대 후반부터 이 말은 취소할 수 없는 결정을 선택한다는 의미를 가지기 시작했고 최근에는 근시안적인 행동을 해서 영원한 적을 만든다는 의미를 가지게 되었습니다.

Ex.
People who go through life **burning bridges** have few friends.
인생을 통해 사람들과 사이가 좋지 않은 사람은 친구가 거의 없다.

I **burned** a lot of **bridges** by not paying back the money I borrowed from friends.
나는 친구들에게 빌린 돈을 갚지 못해서 관계가 악화되었다.

6. To go/be on the warpath
to be angry about something and not be able to stop

북아메리카의 인디언들은 전쟁을 하러 갈 때 전사들은 어떤 특별한 길을 따라 갔습니다. 그래서 그들이 go on the warpath라고 하면 전쟁하러 간다는 의미가 되었습니다. 이 말이 영어로 처음 쓰여진 것은 James Fenimore Cooper의 The Deerslayer(1841)였습니다. 후에 이 말은 아주 화가 나거나 적대적인 행동을 나타내는 데 쓰였습니다.

Ex.
I forgot our wedding anniversary and my wife **went on the warpath**.
내가 결혼 기념일을 잊어버려서 아내는 불같이 화를 냈다.

My dad **is on the warpath** again because I didn't do my chores.
내가 집안일을 하지 않았기 때문에 아빠는 또 화를 내셨다.

Chapter 4. *On the Warpath*

7. To drop the bomb (on someone)
to give shocking or unexpected news

bomb은 원자폭탄(atomic bomb)을 가리키는 말입니다. 원자폭탄은 1945년 8월 6일에 일본 히로시마에 처음으로 떨어졌고 1952년에는 초기의 원자폭탄보다 만 배나 강력한 수소폭탄이 처음으로 실험되었습니다. 이러한 무시무시한 폭탄들을 떨어뜨리는 것은 엄청난 일이므로 충격적이거나 크게 동요하는 것을 나타낼 때 drop the bomb이라는 말을 쓰게 되었습니다.

 We're firing Tom. I want you to **drop the bomb** on him this afternoon.
우리는 탐을 해고하려고 합니다. 당신이 오늘 오후에 그에게 해고 소식을 알려 주세요.

After I **dropped the bomb** and asked my wife for a divorce she went ballistic.
내가 아내에게 이혼하자고 폭탄 선언을 하자 그녀는 매우 화를 냈다.

8. To go AWOL
to depart unannounced or without permission

AWOL은 Away Without Leave의 약자로 허락 없이 무단이탈을 한 병사들을 나타내는 군사 용어입니다. 1차 세계 대전이 끝난 후에 사람들은 이 말을 일상생활에서도 사용하게 되었습니다.

 The last secretary we had **went AWOL** after only two weeks.
우리 회사에 근무한 전 비서는 겨우 2주일 후에 무단결근을 했다.

I'm **going AWOL** if I don't get a raise soon.
나는 월급을 바로 올려주지 않으면 무단결근을 할 것이다.

9. To hold the fort (for someone)
to take care of things when someone is gone

hold the fort는 어떤 사람이 없을 때 그 사람의 일을 대신 떠맡는 것을 뜻하는 말입니다. 이 말은 미국 남북전쟁 때에 유명한 사령관인 William Tecumseh Sherman이 "내가 가고 있으니까 어떤 대가를 치르더라도 요새를 지켜라.(hold the fort)"라고 명령을 내린 데에서 유래되었습니다.

My boss always asks me to **hold the fort** for him when he's out.
내 상사는 자리를 비울 때 나에게 항상 직무를 대신 수행하라고 요청했다.

Could you **hold the fort** for a few minutes? I have to run some errands.
몇 분만 내 대신 일 좀 해 줄래요? 볼일 볼 것이 있어요.

10. Uphill battle
a struggle or difficult time

언덕에서 전투가 벌어지면 언덕을 빼앗으려는 병사들은 언덕을 올라야(go uphill) 하기 때문에 불리했습니다. 그러한 상황에서 승리를 한다는 것은 쉬운 일이 아니죠. 그래서 uphill battle은 이길지 질지 모르는 어려운 싸움을 나타내는 말입니다.

Learning English is an **uphill battle** for non-native speakers.
영어를 배우는 것은 비영어권 사람들에게는 어려운 일이다.

We're behind 5-3. It'll be an **uphill battle** if we hope to win.
우리는 5대 3으로 지고 있다. 우리가 이기려면 힘든 싸움이 될 것이다.

Chapter 4. *On the Warpath*

Practice

다음 문장 속에 있는 이디엄은 잘못 쓰여진 것입니다. 바르게 고쳐 봅시다.

❶ Jim asked if you could hold the board during lunch hour.
   Answer :

❷ Hurting bridges like that will make you very unpopular.
   Answer :

❸ The police are in the warpath again giving tickets to as many motorists as they can.
   Answer :

❹ I'm really sorry about giving you a flak for that small mistake you made.
   Answer :

❺ After the governor pardoned the murderer the public was up the arms.
   Answer :

❻ My cousin Jed is a lose cannon. He offends people all the time.
   Answer :

❼ Scientists are fighting an uphill rattle against AIDS.
   Answer :

❽ Don't go mystic on me! It was an accident, okay?
   Answer :

❾ When are you going to mop the bomb and tell your parents that you're leaving?
   Answer :

❿ Everyone was surprised when the company accountant left AWOL.
   Answer :

▶정답과 해석은 54page에

Review

이탤릭 글자로 쓰여진 뜻의 이디엄을 골라 봅시다.

1. Mr. Thompson *shouted at us* for not doing our homework.

    a. burned our bridges
    b. gave us flak
    c. dropped the bomb on us

2. Shortsighted people *destroy relationships that might be helpful*.

    a. burn bridges
    b. go AWOL
    c. hold the fort

3. Watch out! Mom is *really angry* about us not doing chores again.

    a. a loose cannon
    b. on the warpath
    c. getting some flak

4. Becoming a successful actor is *a major struggle*.

    a. up in arms
    b. going AWOL
    c. an uphill battle

5. A: I scratched Ron's car.
   B: When are you going to *give him the bad news*?

    a. go ballistic
    b. drop the bomb
    c. go on the warpath

Chapter 4. *On the Warpath*

6. When Kate heard Jack had cheated on her she *went crazy* and smashed a window.

    a. went ballistic
    b. went AWOL
    c. gave me flak

7. I told the boss that I would *manage the office* while he was on vacation.

    a. burn bridges
    b. be up in arms
    c. hold the fort

8. Taxpayers were *upset* when the government announced another tax increase.

    a. up in arms
    b. loose cannons
    c. dropping bombs

9. It's hard to like someone who *makes insensitive remarks*.

    a. is an uphill battle
    b. is a loose cannon
    c. is an AWOL

10. One day my uncle *just disappeared*. We never saw him again.

    a. went AWOL
    b. went ballistic
    c. gave everyone flak

▶정답과 해석은 54page에

정답과 해석

Practice

1. Jim asked if you could **hold the fort** during lunch hour.
   짐이 당신에게 점심 시간 동안 자기 대신 일을 봐 줄 수 있느냐고 물었어요.
2. **Burning bridges** like that will make you very unpopular.
   그처럼 근시안적으로 행동하는 것은 당신을 인기 없게 만드는 것이에요.
3. The police are **on the warpath** again giving tickets to as many motorists as they can.
   경찰은 화가 나서 그들이 할 수 있는 한 많이 자동차 운전자에게 위반 티켓을 발급했다.
4. I'm really sorry about **giving you flak** for that small mistake you made.
   네가 저지른 그 작은 실수에 대해 화를 낸 것을 진심으로 사과할게.
5. After the governor pardoned the murderer the public was **up in arms**.
   정부가 그 살인자를 용서해서 사람들은 분노했다.
6. My cousin Jed is a **loose cannon**. He offends people all the time.
   내 사촌 제드는 통제불능이다. 그는 항상 사람들의 감정을 상하게 한다.
7. Scientists are fighting an **uphill battle** against AIDS.
   과학자들은 에이즈를 극복하기 위해 힘든 싸움을 하고 있다.
8. Don't **go ballistic** on me! It was an accident, okay?
   나에게 너무 화를 내지 말아요. 그것은 사고였어요, 알겠어요?
9. When are you going to **drop the bomb** and tell your parents that you're leaving?
   너의 부모님에게 떠난다고 언제 폭탄 선언을 할 거니?
10. Everyone was surprised when the company accountant **went AWOL**.
    회사 경리가 무단 결근을 해서 모든 사람이 놀랐다.

Review

1. (b) 톰슨 선생님은 우리가 숙제를 안 해서 우리를 야단치셨다.
2. (a) 선견지명이 없는 사람들은 도움이 될지도 모르는 관계를 무산시킨다.
3. (b) 조심해! 엄마는 우리가 집안일을 안 해서 정말 화가 나셨다.
4. (c) 성공적인 배우가 되는 것은 아주 힘든 일이다.
5. (b) A : 나는 론의 자동차를 긁었어.   B : 언제 론에게 그 나쁜 소식을 전하려고 하니?
6. (a) 케이트는 잭이 그녀를 속였던 것을 알고서 화가 나 창문을 부쉈다.
7. (c) 나는 내 상사에게 그가 휴가 중일 때 사무실의 일을 잘 처리할 거라고 말했다.
8. (a) 납세자들은 정부가 또 다른 세금을 올린다고 발표했을 때 화를 냈다.
9. (b) 남의 기분을 상하게 말하는 사람을 좋아하는 것은 어려운 일이다.
10. (a) 어느 날 내 삼촌은 사라졌다. 우리는 다시 그를 보지 못했다.

Chapter 5

Flat Broke (빈털터리가 되다)
     Theme : Money (주제 : 돈)

Warm Up

1. Are you good at saving money?
2. Is money important to you? Why or why not?
3. Can money "buy happiness"?

   1. 당신은 돈을 저금하는 것에 익숙합니까?
   2. 돈이 당신에게 중요한가요? 중요한 이유와 중요하지 않은 이유는 무엇인가요?
   3. 돈으로 행복을 살 수 있을까요?

Reading

다음은 돈 문제로 걱정하는 한 남자의 이야기입니다.

Young couples often have trouble **making ends meet** these days. Although both husbands and wives may have jobs, many young families are just **living from hand to mouth**. In my case, my wife and I are always **pinching pennies**, yet we are **flat broke**. It seems like we have to **pay through the nose** for even the most basic necessities.

I really envy my neighbor Ed Jones. Whenever I ask how he is, he always says: '**I feel like a million bucks**!' It's not surprising, since he **has the Midas touch**. While I **lost my shirt** in the stock market, Ed **made a killing**. He's **got money to burn**!

Chapter 5. *Flat Broke*

해석

　요즘 젊은 부부들은 종종 수입에 맞추어 생활하는 데 어려움을 겪는다. 비록 부부가 맞벌이를 하더라도 많은 젊은 부부들은 하루살이 생활을 한다. 내 경우에는 나와 아내가 항상 절약을 하지만 우리는 빈털터리가 된다. 우리는 심지어 가장 기본적인 생필품에도 많은 돈을 쓰는 것 같다.

　나는 정말 내 이웃 에드 존스가 부럽다. 내가 그에게 인사를 할 때마다 그는 항상 기분이 최고라고 말한다. 하긴 그는 돈 버는 재주가 있으니 그리 놀랄 일은 아니다. 내가 주식을 해서 알거지가 된 반면 에드는 많은 돈을 벌었다. 그는 정말 돈이 많은 사람이다.

Vocabulary

1. to make ends meet	수입과 지출의 균형을 맞추다, 수입에 알맞은 생활을 하다
2. to live from hand to mouth	하루살이 생활을 하다
3. to pinch pennies	절약하다
4. to be flat broke	빈털터리가 되다
5. to pay through the nose	엄청난 돈을 치르다
6. to feel like a million bucks	기분이 아주 좋다
7. to have the Midas touch	돈을 버는 재주를 가지다
8. to lose one's shirt	알거지가 되다
9. to make a killing	돈을 많이 벌다
10. to have money to burn	돈이 많이 있다

Origins & Examples

1. To make ends meet
to have enough money for household expenses

이 표현은 한 해의 시작과 끝을 암시합니다. 만약 한 가족이 일 년을 충분히 꾸려 나갈 수 있는 음식과 돈이 있다면 그 가족은 수입과 지출을 잘 맞추어 생활하고(make ends meet) 있는 것입니다. 이 표현은 Tobias Smollett의 The Adventures of Roderick Random (1748)에 처음으로 쓰여졌습니다.

I heard that Jim and his family are having trouble **making ends meet**.
나는 짐과 그의 가족이 생활하는 데 충분한 돈이 없다고 들었다.

You'll never **make ends meet** if you become an artist.
네가 예술가가 된다면 너는 생활하는 데 돈이 충분치 않을 것이다.

2. To live from hand to mouth
to have barely enough money to survive

사람들은 경제적으로 쪼들리면 살아남기 위해 온갖 노력을 합니다. 만약 가난한 사람이 며칠 동안 아무것도 먹지 못했다면 어떤 음식이라도 손으로 집어 입에 넣을 것입니다.(from hand to mouth) 16세기에서부터 사용되었던 이 표현은 아직도 기준 미달의 생활을 하는 사람을 나타내는 데 사용됩니다.

Living from hand to mouth is not an enjoyable experience.
하루살이 생활을 하는 것은 즐거운 경험이 아니다.

When I was a university student, I always **lived from hand to mouth**.
내가 대학생일 때 나는 항상 하루살이 생활을 했다.

Chapter 5. *Flat Broke*

3. To pinch pennies
to be careful about how you spend your money

pinch는 바짝 짜내는 것을 의미합니다. 그리고 penny는 모든 동전 중에서 가장 작으므로 페니를 짜내는 것(pinch pennies)은 작은 양의 돈이라도 주의해서 쓰는 사람을 나타냅니다. 이런 사람은 때로는 절약한다는 긍정적인 의미로, 때로는 구두쇠라는 부정적 모습으로 비춰집니다. 이 표현은 1930년대 미국의 경기 하락의 결과로 널리 사용되었습니다.

Ex. My mother **pinches pennies** by using coupons and buying things on sale.
내 엄마는 쿠폰을 이용하고 세일 때 물건들을 사므로 돈을 알뜰하게 쓰신다.

Why don't you just earn more money instead of **pinching pennies**?
돈을 알뜰하게 쓰는 대신에 더 많이 버는 것이 어때?

4. To be flat broke
to have no money at all

이 표현은 '한 푼 없는 빈털터리' 라는 의미입니다. 1800년대 중반부터 flat는 '완전히' 라는 뜻도 가지게 되었습니다. broke가 왜 '한 푼도 없는' 의 뜻이 되었는지는 명백하지 않지만 아마도 '저금통' 과 '깨지다' 라는 뜻이 있는 불어 casse가 영어로 쓰이게 된 결과가 아닌가 생각됩니다. 이 불어 단어는 18세기 영국에서 현금이라는 뜻이 되었습니다.

Ex. I want to ask Mary out on a date, but I'm **flat broke**.
나는 메리에게 데이트를 신청하고 싶지만 돈이 없다.

My brother is **flat broke**, but he'll find a job soon.
내 형은 돈이 없지만 곧 일자리를 찾을 것이다.

5. To pay through the nose
to pay a lot of money for something

이 표현은 1600년대 후반부터 사용되었지만 정확한 기원은 알려지지 않았습니다. 다만 한 가지 가정할 수 있는 이론은 9세기에 아일랜드에 부과된 Danish Nose Tax에서 왔다는 것입니다. nose money라고 지칭된 이 세금은 매년 한 사람당 은 1온스에 이르렀습니다. 세금을 내지 않는 사람들을 겁주기 위해 바이킹들은 그들의 코를 베었다고 합니다. 그래서 납세 불이행자들은 그들의 정복자들의 말에 따르지 않아서 코가 베어지는 대가를 치루었던 것입니다.(pay through the nose)

I **paid through the nose** for my wife's fur coat.
나는 아내에게 모피 코트를 사주는 데에 많은 돈을 썼다.

If you want a nice home you'll have to **pay through the nose** for it.
당신이 좋은 집을 원한다면 많은 돈을 지불해야 할 것이다.

6. To feel like a million bucks
to feel great

1920년대에 널리 퍼진 이 표현은 하룻밤 사이에 주식 시장에서 백만장자가 된 삼류 투자자에 대한 이야기에 나왔습니다. 백만 달러는 그 당시에는 천문학적 숫자였고 그 만한 부를 가진 사람은 정말 행복한 사람이라고 생각되었습니다. 비록 대공황(1929-33) 때 많은 백만장자들이 그들의 모든 돈을 날렸지만 이 표현은 기분이 아주 좋은 것을 나타내는 의미로 계속 사용되고 있습니다.

After going to the gym I always **feel like a million bucks**.
나는 체육관에 다닌 후부터 항상 기분이 좋다.

I **felt like a million bucks** after the massage.
마사지를 받아서 기분이 좋다.

Chapter 5. *Flat Broke*

7. To have the Midas touch
to be skilled at managing money

그리스 신화에 따르면 마이더스(Midas)라고 불렸던 한 왕은 그가 만지는 모든 것이 금으로 되기를 바랬습니다. 디오니스 신이 그의 소원을 들어주어서 왕은 처음에는 그의 새로운 힘에 즐거워했지만 그가 만진 음식, 딸, 친구들이 모두 금으로 변하자 마이더스는 자기가 얼마나 바보 같은 짓을 했는지 깨닫게 되었습니다. 후에 디오니스 신이 다시 정상으로 돌려달라는 왕의 소원을 들어주었을 때 그는 돈은 부족해도 그의 삶은 훨씬 더 충만했습니다.

Bill Gates definitely has the **Midas touch**. He's worth billions.
빌 게이츠는 정말 돈 버는 재주가 있다. 그는 수십억 달러의 재산이 있다.

I wish I had the **Midas touch**, but I have no money to invest.
내가 돈 버는 재주를 가지고 있으면 좋겠지만 투자할 돈도 없다.

8. To make a killing
to make a lot of money on an investment

이 표현은 원래 사냥에 쓰이는 말입니다. 옛날에 사냥꾼들은 잡은 만큼 돈을 벌 수 있었으므로 동물을 많이 잡을수록 많은 이익을 얻을 수가 있었습니다. 1800년대 후반부터 쓰인 이 표현은 지금은 재정적인 성공에서 많이 쓰입니다.

If I can market my invention well, I'll **make a killing**.
만약 내가 내 발명품을 잘 판다면 나는 많은 돈을 벌 것이다.

My wife **made a killing** in real estate last year.
내 아내는 지난해 부동산에서 많은 돈을 벌었다.

9. To lose one's shirt
to lose a lot of money

이 표현은 거의 모든 것을 잃었다는 표현으로 도박이나 투자에서 많은 돈을 잃은 사람을 나타낼 때 씁니다.

Whenever I play poker, I always end up **losing my shirt**.
나는 포커를 할 때마다 항상 돈을 다 잃는 것으로 끝난다.

I lost my shirt playing blackjack in Las Vegas.
나는 라스베가스에서 블랙잭을 하다 돈을 다 잃었다.

10. To have money to burn
to have a lot of money

돈을 태워 버려도 여전히 많은 돈을 가지고 있다면 그는 엄청난 부자입니다. 그래서 이 표현을 많은 돈을 가지고 있다라는 의미로 쓰입니다.

That guy over there may look poor, but he **has money to burn**.
저기 저 남자는 가난해 보이지만 많은 돈을 가지고 있다.

She says she **has money to burn**, but she lives with her parents.
그녀는 돈이 많다고 말하지만 그녀는 부모님과 같이 살고 있다.

Chapter 5. *Flat Broke*

Practice

이디엄이 올바르게 쓰였다면 T, 그렇지 않다면 F에 동그라미를 치세요.

❶ I'm flat broke. I have a lot of money.
   T/F

❷ The man felt like a million bucks, so he killed himself.
   T/F

❸ I lost my shirt playing poker. Now I have no money.
   T/F

❹ It's hard making ends meet if you work at a fast food restaurant.
   T/F

❺ The rich usually live from hand to mouth.
   T/F

❻ My brother has the Midas touch. He has never failed in business.
   T/F

❼ After the scientist sold his amazing invention he had money to burn.
   T/F

❽ The man who invented the Hula Hoop made a killing.
   T/F

❾ I really love paying through the nose for something. It saves me money.
   T/F

❿ Pinching pennies will prevent you from getting into debt.
   T/F

▶정답과 해석은 66page에

63

Review

이탤릭 글자로 쓰여진 뜻의 이디엄을 골라 봅시다.

1. I *made a lot of money* when I sold my business.

    a. paid through the nose
    b. made a killing
    c. was flat broke

2. The homeless man *had barely enough food to survive*.

    a. had no problem making ends meet
    b. had the Midas touch
    c. lived from hand to mouth

3. You'll never *be able to pay your bills* if you insist on being an artist.

    a. lose your shirt
    b. pinch pennies
    c. make ends meet

4. I had to *spend a lot of money* to buy Lucy that wedding ring.

    a. pay through the nose
    b. feel like a million bucks
    c. make a killing

5. I thought I would win the bet, but I *lost miserably*.

    a. had the Midas touch
    b. lost my shirt
    c. had money to burn

Chapter 5. *Flat Broke*

6. After exercising and taking a shower I *felt terrific*.

    a. felt like a million bucks
    b. was flat broke
    c. lived from hand to mouth

7. I'd like to loan you the money, but I *have no money to spare*.

    a. am making ends meet
    b. am flat broke
    c. am paying through the nose

8. Ask Bob for financial advice. He *is skilled at making money*.

    a. has money to burn
    b. has the Midas touch
    c. pinches pennies

9. I *saved carefully* until I had enough money for my trip.

    a. pinched pennies
    b. made ends meet
    c. made a killing

10. My wife's family *is extremely wealthy*.

    a. has money to burn
    b. lives from hand to mouth
    c. lost their shirts

▶정답과 해석은 66page에

정답과 해석

Practice
1. F. 나는 빈털터리이다. 나는 많은 돈이 있다.
2. F. 그 남자는 기분이 아주 좋아서 자살을 했다.
3. T. 나는 포커를 해서 돈을 다 잃었다. 그래서 지금 한 푼도 없다.
4. T. 네가 패스트푸드 식당에서 일을 한다면 수입에 맞추어 생활하기 힘들 것이다.
5. F. 부자들은 일반적으로 하루살이 생활을 한다.
6. T. 내 형은 돈을 버는 재주가 있다. 그는 사업에서 실패한 적이 없다.
7. T. 그 과학자는 놀라운 발명품을 팔아서 많은 돈을 벌었다.
8. T. 훌라후프를 발명한 사람은 많은 돈을 벌었다.
9. F. 나는 정말 무언가에 많은 돈을 치르는 것을 좋아한다. 그것이 내가 절약하는 것이다.
10. T. 절약하는 것은 당신이 빚더미에 앉는 것을 막아 줄 것이다.

Review
1. (b) 나는 내 가게를 팔아서 많은 돈을 벌었다.
2. (c) 그 집 없는 남자는 하루살이 생활을 한다.
3. (c) 네가 계속 예술가가 되기를 고집한다면 결코 수입에 맞춰 생활할 수 없을 것이다.
4. (a) 나는 루시에게 결혼 반지를 사 주느라 많은 돈을 썼다.
5. (b) 나는 내기에서 이긴 것으로 생각했지만 비참하게 졌다.
6. (a) 운동하고 샤워를 하니 기분이 좋아졌다.
7. (b) 나는 너에게 돈을 빌려 주고 싶지만 남아 있는 돈이 없다.
8. (b) 밥에게 재정적인 조언을 구해 봐라. 그는 돈 버는 데 귀재이다.
9. (a) 나는 여행에 갈 충분한 돈을 모을 때까지 저금을 했다.
10. (a) 내 아내의 가족은 아주 부자이다.

Chapter 6

The Bottom Line (최종 결과)
Theme : Business (주제 : 사업)

Warm Up

1. Would you like to own your own business? Why or why not?
2. Do you know any entrepreneurs?
3. What problems do new businesses face?
4. What are the qualities of a good manager?

1. 당신은 당신 자신의 사업을 하고 싶습니까? 하고 싶은 이유와 하고 싶지 않은 이유는 무엇인가요?
2. 당신은 사업가를 알고 있습니까?
3. 새로운 사업들은 어떤 문제에 직면하게 될까요?
4. 훌륭한 관리자의 자질을 무엇일까요?

Reading

다음은 명예 퇴직을 하고 사업을 시작한 사람의 이야기입니다.

Bill : I heard you were managing your own accounting practice these days. Is that true?

Ted : Yes, it is. My firm offered me a **golden handshake** that I couldn't refuse. I took it and decided to **hang out my own shingle**.

Bill : That's great! How's business?

Ted : I'm not **laughing all the way to the bank** yet — just **breaking even**. But at least I'm not **in the red**. I expect I'll be **in the black** soon.

Bill : Do you have anyone helping you?

Ted : (Laughing) Just my wife. I opened my office **on a shoestring**, so I can't afford to hire any staff yet. I've really had to **cut corners** to maintain my **bottom line**.

Bill : (Joking) Well, if you need any help, I'd be happy to do a little work **under the table** for you.

Ted : Ha, ha, ha. No, I'll be fine. But thanks for the offer, Bill.

Chapter 6. *The Bottom Line*

빌 : 나는 당신이 요즘 회계 사무소를 직접 운영한다고 들었어요. 그게 맞아요?

테드 : 예, 맞아요. 회사에서 명예 퇴직을 하면 고액의 퇴직금을 준다고 제의했는데 거절할 수가 없었어요. 그래서 그것을 받아들여 내 사업을 시작했죠.

빌 : 잘 됐네요! 사업은 어때요?

테드 : 아직은 돈을 잘 벌지는 못하지만 — 득실이 없지만 — 적어도 적자는 아니에요. 곧 흑자로 돌아설 거라고 기대하고 있어요.

빌 : 누가 도와주는 사람은 있나요?

테드 : (웃으면서) 내 아내뿐이에요. 나는 적은 돈으로 사무실을 열었기 때문에 직원을 아직 고용할 형편이 안 돼요. 사업의 건전성을 유지하기 위해서는 정말 절약을 해야 합니다.

빌 : (농담으로) 음, 도움이 필요하다면 내가 기꺼이 당신을 위해서 남 몰래 일을 조금 해줄 수 있는데.

테드 : 하하하. 아니, 괜찮아요. 그러나 그런 말을 해줘서 고마워요, 빌.

Vocabulary

1. golden handshake	고액의 퇴직금
2. to hang out one's shingle	간판을 내걸다, 개업하다
3. to laugh all the way to the bank	돈을 손쉽게 벌다
4. to break even	(장사, 노름 등에서) 득실이 없이 되다
5. in the red	적자를 내다
6. in the black	흑자를 내다
7. on a shoestring	적은 자본으로
8. to cut corners	지름길로 가다, (시간, 노력 등을) 절약하다
9. the bottom line	사업의 건전성, 순이익(손실), 최종 결과
10. under the table	남 몰래, 뇌물로서

Origins & Examples

1. Golden Handshake
a lucrative retirement package

    1950년대에는 노동자들이 은퇴할 때 회사에서 그들이 오랫동안 회사에 봉사했던 것을 치하하기 위해 황금 시계와 악수를 받았습니다. 요즈음은 회사에서 경영 합리화를 위해 직원들을 조기 퇴직시킬 때 퇴직자들에게 돈벌이가 되는 일을 떼어 주기도 합니다. 그래서 직원들은 그 인센티브가 마음에 들면 이 황금 악수(golden handshake)를 받아들이고 회사를 떠나 새로운 일을 시작하게 됩니다.

The CEO was offered a generous **golden handshake**.
그 CEO는 많은 퇴직금을 제공받았다.

Twenty teachers took the government's **golden handshake** and retired.
20명의 교사가 정부가 제시한 고액의 퇴직금을 받고 퇴직했다.

2. To hang out one's shingle
to open one's own business

    이 표현은 1800년대 후반에 의사나 변호사 등이 개업할 때 고객을 끌기 위해 그들의 이름을 지붕에 이는 널빤지(shingles)에 써서 출입문 근처에 걸어 놓은 데에서 유래되었습니다. 그래서 이 표현은 특별히 전문적인 직업을 가진 사람이 개업을 할 때 쓰이는 표현이 되었습니다.

The young lawyer decided to **hang out his shingle** after he finished law school.
그 젊은 변호사는 법대를 졸업한 후 그의 사무실을 열기로 결심했다.

Maybe you could **hang out your shingle** as a financial consultant.
아마도 당신은 재정 상담가로써 개업을 할 수 있을 겁니다.

Chapter 6. *The Bottom Line*

3. To laugh all the way to the bank.
to make money quickly and easily

이 표현은 미국의 피아니스트인 Liberace가 처음으로 언급했습니다. Liberace는 1956년 그가 동성연애자라고 넌지시 비췄던 런던의 신문을 고소했습니다. 그 명예훼손 소송에서 승리한 후 Liberace는 그 사건이 명예에 손상을 입었는가라는 기자들의 질문에 "나는 손쉽게 돈을 벌었다(cried all the way to the bank)."라고 농담으로 대답한 데에서 이 말이 유래되었습니다.

You may think my business will fail, but one day I'll **laugh all the way to the bank**.
너는 내 사업이 실패할 거라고 생각할지 모르지만 나는 언젠가는 쉽게 돈을 벌 수 있을 것이다.

It's so hot today! That ice cream man must be **laughing all the way to the bank**.
오늘은 무척 덥네! 저 아이스크림 장수는 돈을 쉽게 벌 수 있을 거야.

4. To break even
to neither make money nor lose money

break even은 faro라고 불리는 카드 게임에서 나왔는데 '득실이 없다, 비기다' 라는 의미로 쓰였습니다. 1800년대 후반부터 이 표현은 비즈니스 세계에서도 쓰여 재정적으로 '수익과 손실이 균형을 이루다' 라는 의미로 사용됩니다.

Investors poured millions into dot.com companies that were barely **breaking even**.
투자자들은 겨우 수지를 맞추는 닷컴 회사에 많은 돈을 투자했다.

After three years, Joe's business had still failed to **break even**.
3년이 지나도 조의 사업은 수지를 맞추는 데 실패했다.

5. In the red
losing money

경리 업무를 담당하는 사람들은 손실을 빨간 잉크로 표시하고 이익을 검은 잉크로 표시합니다. 그래서 사업에서 돈을 까먹었다면 적자이고(in the red), 반대로 돈을 버는 것은 흑자라고(in the black) 표현합니다. 1900년대 초반부터 쓰인 이 두 표현은 오늘날과 같은 컴퓨터 시대에 여전히 사용되고 있습니다.

XYZ Company was **in the red** throughout the financial crisis.
XYZ 회사는 금융 위기로 인해 적자가 되었다.

We're currently **in the red**, but I expect things to improve soon.
우리는 현재 적자이지만 나는 곧 모든 것이 잘될 거라고 기대한다.

6. In the black
turning a profit

in the black은 위에서 설명한 대로 흑자를 나타낼 때 쓰는 표현입니다.

Although Jim was a poor manager, his company somehow stayed **in the black**.
비록 짐은 보잘것없는 과장이지만 그의 회사는 그럭저럭 흑자를 내고 있다.

The only bad thing about being **in the black** is that you have to pay more taxes.
흑자를 내면 한 가지 나쁜 것은 세금을 더 내야 한다는 것이다.

Chapter 6. *The Bottom Line*

7. On a shoestring
with a limited budget

왜 이 표현이 '적은 돈으로' 라는 의미가 되는지는 명확하지 않습니다. 한 이야기에 따르면 이 표현은 영국에 있는 감옥의 죄수들이 행인들로부터 구호품을 받으려고 감옥 창문에 신발을 대롱대롱 매달았다고 하는 데에서 유래되었다고 합니다.

 Have you heard of the book Europe *On a Shoestring*?
너는 적은 예산으로 유럽을이라는 책을 들어 봤니?

I'm living **on a shoestring** budget.
나는 적은 돈으로 살아 가고 있다.

8. To cut corners
to economize

19세기 말부터 쓰인 cut corners는 시간과 거리를 최대한으로 줄이기 위해 가능한 한 가깝게 코너를 도는 것을 의미합니다. 지금은 '비용을 줄인다' 라는 의미로도 사용됩니다.

 Cutting corners is not possible in the luxury goods industry.
사치품 산업에서 절약을 한다는 것은 불가능하다.

You can tell the builders **cut corners** to make this house. It looks terrible!
건축업자들이 이 집을 비용을 줄여서 짓는다고 얘기해라. 집이 아주 형편없다!

73

9. Bottom line
the health of a business (or the main point)

회계 장부는 여러 가지 숫자들은 더하고 빼지만 맨 마지막 줄(bottom line)이 모든 결과를 나타냅니다. 다시 말해서 회계 장부의 마지막 줄의 숫자가 그 사업의 건전성을 알려 주는 가장 중요한 지표가 됩니다. 그러므로 사업이 어떻게 진행되고 있는지를 보려면 단순히 맨 밑 줄을 보면 됩니다. 이 말은 사업의 종합적인 재무 상태를 나타내지만 또한 '최종 결과', 또는 '가장 중요한 사항'을 나타낼 때 쓰기도 합니다.

Ex. Excellent customer service is crucial for protecting a business's **bottom line**.
고객에 대한 좋은 서비스는 사업의 건전한 재무 상태를 유지하는 데 중요하다.

The **bottom line** is customers are angry and we are losing money fast.
최종 결과는 고객들이 화가 났다는 것이고 우리는 돈을 빠르게 탕진해 갔다.

10. Under the table
secretly

이 표현은 비밀스럽고 불법적인 돈 거래를 의미합니다. 세금을 내지 않기 위해 사람들은 은밀하게(secretly) 누군가에게 돈을 주거나 또는 받습니다. under the table은 이런 불법적인 일들을 묘사하는 표현인데 2차 세계 대전 후에 미국에서 정부가 세금을 인상하고 모든 생활에서 통제가 심해지자 일반적으로 널리 사용되었습니다.

 Working **under the table** is illegal, but I can't afford to pay taxes.
세금을 피하기 위해 뇌물을 주는 것은 불법이지만 나는 세금을 낼 여유가 없다.

My boss pays me **under the table**.
내 상사는 나에게 은밀히 돈을 주었다.

Chapter 6. *The Bottom Line*

Practice

바른 문장이 되도록 괄호 안에 알맞은 단어를 써 넣으세요.

❶ It's not legal to work under the (   ), but many people do it anyway.

❷ Breaking (   ) should be our first goal.

❸ When I won my court case I (   ) all the way to the bank.

❹ Businesses that cut (   ) do not usually succeed in the end.

❺ To persuade the older workers to retire the company offered them a (   ) handshake.

❻ There is no greater satisfaction than (   ) out your own shingle.

❼ My pizzeria prospered and was in the (   ) after only one month in business.

❽ You may want to live on a (   ), but I would rather spend money and have fun.

❾ The bottom (   ) is we can't hire you.

❿ My business has been in the (   ) for six months now. I may go bankrupt.

▶정답과 해석은 78page에

Review

이탤릭 글자로 쓰여진 뜻의 이디엄을 골라 봅시다.

1. We did the work *with no intention to pay taxes on our earnings*.

    a. to cut corners
    b. on a shoestring
    c. under the table

2. I *gladly took the money* when I won big in Las Vegas.

    a. laughed all the way to the bank
    b. hung out my shingle
    c. broke even

3. If you *use cheap materials* to make your product you will lose customers.

    a. laugh all the way to the bank
    b. give a golden handshake
    c. cut corners

4. Perry's painting company *never earned any profits*.

    a. did more than break even
    b. was always in the red
    c. was under the table

5. Joe's business was *neither losing nor making money*.

    a. in the black
    b. breaking even
    c. hanging out a shingle

Chapter 6. *The Bottom Line*

6. I traveled across Asia *on a limited budget*.

    a. on a shoestring
    b. to cut corners
    c. with a golden handshake

7. We expect our company to *be profitable* in two years.

    a. have a bottom line
    b. be in the black
    c. be in the red

8. The company's *financial health* wasn't affected by the recession.

    a. under the table
    b. hanging out a shingle
    c. bottom line

9. Like my father, I always wanted to *run my own business*.

    a. hang out my own shingle
    b. live on a shoestring
    c. laugh all the way to the bank

10. The *lucrative offer to leave my job* never came, so I didn't retire.

    a. golden handshake
    b. bottom line
    c. breaking even

▶정답과 해석은 78page에

정답과 해석

Practice

1. table
   뇌물을 주는 것은 불법이지만 어쨋든 많은 사람들이 하고 있다.
2. even
   수지를 맞추는 것이 우리의 첫번째 목표이다.
3. laughed
   나는 소송에서 이겨서 손쉽게 돈을 벌었다.
4. corners
   비용을 줄인 사업들이 끝에 가서 일반적으로 성공하는 것은 아니다.
5. golden
   나이 든 근로자를 퇴직시키기 위해 회사는 그들에게 많은 퇴직금을 주었다.
6. hanging
   자기 자신의 일을 시작하는 것보다 더 만족스러운 일은 없다.
7. black
   내 피자 가게는 시작한 지 한 달밖에 되지 않았는데 장사가 잘 되어서 흑자가 되었다.
8. shoestring
   너는 적은 돈으로 살기를 원할지 모르지만 나는 돈도 쓰면서 재미있게 살고 싶다.
9. line
   최종 결과는 우리는 당신을 채용할 수 없다는 것이다.
10. red
    내 사업이 지금 6개월째 적자이다. 파산할지도 모르겠다.

Review

1. (c) 우리는 우리의 소득에 대해 세금을 내지 않으려고 뇌물을 주었다.
2. (a) 나는 라스베가스에서 게임에 이겨 기쁘게 돈을 받았다.
3. (c) 당신이 만약 당신 제품에 싸구려 부품들을 쓴다면 고객들이 당신을 떠날 것이다.
4. (b) 페리의 페인트 회사는 어떤 이익도 내지 못했다.
5. (b) 조의 사업은 손해를 보는 것도 아니고 이익을 보는 것도 아니었다.
6. (a) 나는 제한된 예산으로 아시아를 여행했다.
7. (b) 우리는 우리 회사가 2년 안에 이익을 낼 거라고 기대한다.
8. (c) 그 회사의 건전한 재무 상태는 불경기에도 영향을 받지 않았다.
9. (a) 아버지처럼 나는 항상 내 자신의 일을 하고 싶어했다.
10. (a) 내가 퇴직하는 대가에 대한 유리한 제안이 없어서 나는 퇴직하지 않았다.

Chapter 7

Rat Race (경쟁 사회)
　　Theme : Competition (주제 : 경쟁)

Warm Up

1. What are some ways people compete in Korea?
2. Do your friends ever compete with you?
3. Do you believe that winning is everything? Why or why not?
4. What are some negative aspects of competition in society?

1. 한국에서는 어떤 방식으로 경쟁을 합니까?
2. 당신은 친구와 경쟁해 본 적이 있나요?
3. 당신은 승리하는 것이 전부라고 생각합니까? 전부라고 생각하는 이유와 그렇지 않다고 생각하는 이유는 무엇인가요?
4. 사회에서 경쟁할 때 부정적인 면들은 무엇인가요?

Reading

다음은 치열한 경쟁을 부추기는 사회에 대해 비판하는 이야기입니다.

Fed up with the same old **rat race**? I know I am. I'm tired of going to work everyday and hearing my boss say I'm **not worth my salt** or that I **can't hold a candle to** him or my colleagues. My job is **burning me out**.

I think our society has become too obsessed with **keeping up with the Joneses**. If we don't belong to the **jet set** or have **the latest toys** we feel like failures, and we **put on airs** and act like we're living **the life of Riley**. We all dream of the day when we really will **have it all**, but most of us have never thought about what "it" actually is.

Chapter 7. *Rat Race*

해석

계속되는 물고 물리는 경쟁 사회에 싫증났다고요? 나도 내가 그렇다는 것을 압니다. 나는 매일 회사에 가서 상사에게 월급값도 못한다, 내 동료와 비교가 되지 않는다와 같은 소리를 듣는 것에 지쳤습니다. 내 일은 나를 완전히 녹초로 만들었어요.

나는 우리 사회가 다른 사람에게 뒤지지 않게 생활하려는 데에 사로잡혔다고 생각합니다. 만약 우리가 상류층에 속하지 않거나 최신 기술이 없다면 우리는 인생을 실패한 것처럼 느낍니다. 그리고는 으스대며 근심이 없는 생활을 하는 것처럼 살아갑니다. 우리는 부, 성공, 행복 모두를 갖는 날을 꿈꾸지만 우리들 대부분은 그것이 실제로 무엇인지 결코 생각하지 않습니다.

Vocabulary

1. the rat race	치열하고 무의미한 경쟁, 경쟁 사회
2. to not be worth one's salt	월급값을 못하는, 무능한
3. to not be able to hold a candle to	~와는 비교가 안 되다
4. to be burned out	완전히 소진하다
5. keeping up with the Joneses	친구나 이웃에 뒤지지 않는 생활을 하다
6. the jet set	제트족, 상류 계급
7. the latest toys	최신의 기술이나 장치
8. to put on airs	젠체하다, 으스대다
9. the life of Riley	근심이 없는 생활
10. to have it all	부, 성공, 행복 모든 것을 가지다

Origins & Examples

1. Rat race

stressful competition in urban settings

과학자들은 종종 하얀 쥐를 미로 속에 놓고 그 쥐의 행동 패턴을 관찰합니다. 그들에게 실험용 쥐의 버둥거림은 쓸모없고 무의미해 보일지도 모릅니다. 그래서 사람들은 물고 물리는 치열한 경쟁 사회에서 살아가는 것과 그들의 고된 일로 녹초가 될 때 이 표현을 사용합니다.

Ex. I decided to leave the **rat race** and become a farmer.
나는 이 치열한 경쟁 사회를 떠나 농부가 되기로 결심했다.

I'd love to drop out of the **rat race**, but I have a family to support.
나는 이 무의미한 경쟁 사회를 떠나고 싶지만 부양해야 할 가족이 있다.

2. To not be worth one's salt

to be paid more than one is worth

요즘에는 소금이 비싸지 않은 일용품이지만 한때는 가격이 아주 비쌌습니다. 실제로 로마 시대에 소금은 아주 귀해서 화폐처럼 쓰이기도 했습니다. 그래서 로마 군인들은 소금으로 봉급을 받았습니다. 이것이 salarium이고 지금은 영어로 salary가 되었죠. 그러므로 누군가가 소금만큼 가치가 있다면(worth his slat) 그는 그의 봉급을 받을 만큼 일을 능력 있게 수행한다는 의미가 됩니다.

Ex. That old secretary **is not worth her salt**.
저 나이 든 비서는 월급값을 못한다.

Workers who **are not worth their salt** will be fired.
월급값을 못하는 직원들은 해고될 것이다.

Chapter 7. *Rat Race*

3. To not be able to hold a candle to
to compare unfavorably to

전기가 발명되기 전에 어떤 사람들은 그들의 선배가 어두운 곳에서도 작업을 잘 할 수 있도록 촛불을 들고 있곤 했습니다. 만약 어떤 사람이 촛불을 들고 있지 않다면 그는 촛불을 들고 있는 조수가 되기에도 불충분한 낮은 지위를 가진 것을 의미하는 것이고 또한 그들과 비교되는 대상은 더 높은 위치에 있는 사람을 의미합니다. 그래서 1546년에 쓰인 이 표현은 다른 사람과 비교를 할 때 쓰입니다.

Ex. Ms. Thompson **cannot hold a candle to** Mr. Davidson. He's a much better teacher.
톰슨 선생님은 데이비드슨 선생님과 비교가 되지 않는다. 데이비드슨 선생님이 훨씬 더 훌륭하다.

Betty is nice, but she **can't hold a candle to** Janice.
베티도 예쁘지만 제니스와는 비교가 되지 않는다.

4. To be burned out/to burn out
to be completely exhausted

이 표현은 Robert Southey가 "프랑스에서 자코비니즘의 정신은 다 없어졌다."라고 하는 1816년의 에세이에서 처음으로 사용되었습니다. burn out은 연료가 떨어져서 불이 꺼져 가는 것을 의미합니다. 그래서 개인이 마치 불이 다 꺼져 없어지는 것처럼 그의 에너지와 정력이 다 고갈되어 더 이상 일을 할 수 없을 때 이 표현을 사용합니다.

Ex. After working sixty-hour workweeks for over a year, Bob finally **burned out**.
밥은 1년 넘게 1주일에 60시간씩 일해서 마침내 기력이 다 소진되었다.

If you work two jobs you might **burn out**.
네가 2가지 일을 한다면 기력이 완전히 소진될지도 모른다.

5. Keeping up with the Joneses
competing with one's neighbors

"Keeping up With the Joneses"는 실제로 The New York Globe의 만화 시리즈 제목이었습니다. 1913~1931년에 만화가 Arthur R. Momand가 그린 이 시리즈는 주위 사람의 생활 수준을 능가하거나 필적하려고 노력하는 인물들을 중심으로 꾸몄습니다. 그래서 이 표현은 '친구나 이웃에 뒤지지 않는 생활을 하다' 라는 의미로 쓰이게 되었습니다.

Keeping up with the Joneses is an American pastime.
남에게 뒤지지 않으려고 노력하는 것이 미국인의 취미이다.

Many Americans find that **keeping up with the Joneses** is expensive.
많은 미국인들은 남에게 뒤지지 않게 생활을 하는 것은 돈이 많이 든다는 것을 안다.

6. The jet set
people who lead an extravagant lifestyle

부유한 사람들은 여가를 즐길 때 제트기(jet)를 타고 한 나라에서 다른 나라로 이동을 합니다. 그래서 그들은 종종 그들의 엘리트적이고 특권 의식을 암시하는 말인 jet set으로 불리기도 합니다.

Monaco is a favorite holiday spot for the **jet set**.
모나코는 상류층이 좋아하는 휴양지이다.

In Hollywood and New York, the **jet set** is known for their lavish parties.
할리우드와 뉴욕에서 상류층들은 사치스러운 파티로 유명하다.

Chapter 7. *Rat Race*

7. The latest toys
the most recent technology or gadgets

장난감(toys)은 어린이들을 위한 것이지만 성인들도 자기가 좋아하는 새 제품을 샀을 때 어린아이처럼 기뻐합니다. latest는 '가장 최근의' 라는 의미입니다. 그래서 latest toys는 소비자들이 탐내는 가장 최신의 기계 장치, 기구, 기술 등을 나타내게 되었습니다. 이 표현은 자기 편향적인 풍조가 팽배했고 또한 소비가 활발했던 1980년대 동안에 널리 쓰이게 되었습니다.

 Most everyone would love a home equipped with all **the latest toys**.
대다수 사람들은 최신 제품을 갖춘 집을 좋아한다.

After Steve won the lottery he started buying all **the latest toys**.
스티브가 복권에 당첨되자 모든 최신 제품들을 사기 시작했다.

8. To put on airs
to pretend to be something that one is not

put on은 치장하거나 외관을 꾸민다는 뜻이고 air는 어떤 사람의 상, 느낌 또는 용모를 나타냅니다. 그러므로 사람들이 그들의 진짜 모습보다 더 낫게 보이려고 애쓸 때 이 표현을 씁니다.

 Janet's from a poor family, yet she always **puts on airs** like she's rich.
자네트는 가난한 집 출신이지만 그녀는 항상 부자인 체 행세한다.

Marvin is half-educated but **puts on airs** like he's a great philosopher.
마빈은 많이 배우지는 못했지만 그는 위대한 철학자처럼 행세한다.

85

9. The life of Riley

a carefree lifestyle

    Riley는 실제 인물이 아니라 1880년대 대중가요 Is that Mr. Reilly?에 나오는 허구의 인물입니다. 아일랜드 음악가 Pat Rooney가 만든 이 노래는 주인공인 Reilly가 부자가 된다면 무엇을 할 것인가를 묘사했습니다. 여러 가지 중에서 Reilly는 철도 회사를 소유하고 백악관에서 대통령의 의자에서 잠을 자는 것을 꿈꾸었습니다. 그래서 많은 사람들이 Reilly의 삶처럼 살고 싶다는 데에서 이 표현이 유래되었습니다.

Once I get a job I'll be living **the life of Riley**.
내가 직업을 가지기만 한다면 근심 없이 살 수 있을 것이다.

Famous rock stars live **the life of Riley**.
유명한 락 스타들은 근심 없는 삶을 산다.

10. To have it all

to achieve wealth, success and happiness

    it all은 '모든 것' 을 의미합니다. 그래서 Have it all이라고 하면 '모든 것을 가지다' 라는 말이니 엄청난 부와 큰 성공을 암시하는 표현이 됩니다. 이 표현의 기원은 명확하지 않지만 1900년대 중반부터 일반적으로 널리 쓰였습니다.

If you have a good business idea you can be a success and **have it all**.
네가 좋은 사업 아이디어가 있다면 성공해서 부와 명예를 얻을 수 있을 것이다.

You want to **have it all**, but you are too lazy to achieve your dreams.
네가 모든 것을 다 가지기를 원하지만 너는 너의 꿈을 이루기에는 너무 게으르다.

Chapter 7. *Rat Race*

Practice

이디엄이 올바르게 쓰였다면 T, 그렇지 않다면 F에 동그라미를 치세요.

❶ You can't hold a candle to Brenda. You are more beautiful.
   T/F

❷ That new pitcher isn't worth his salt. He deserves a higher salary.
   T/F

❸ If you belong to the jet set you will lead an average life.
   T/F

❹ I'm tired of keeping up with the Joneses. Let's move to the country.
   T/F

❺ After selling his real estate Ed was able to live the life of Riley.
   T/F

❻ The stress of being a single mom is burning my sister out.
   T/F

❼ I have had it all since my business went bankrupt.
   T/F

❽ Don't put on airs. You're not a princess!
   T/F

❾ Cell phones with Internet access are among the latest toys for consumers.
   T/F

❿ I left the rat race and got a job as a lawyer in New York City.
   T/F

▶정답과 해석은 90page에

87

Review

이탤릭 글자로 쓰여진 뜻의 이디엄을 골라 봅시다.

1. Working at a consulting company can *leave you exhausted and stressed out*.

    a. help you have it all
    b. put on airs
    c. burn you out

2. If you make intelligent investments there's no reason you can't *live a carefree life*.

    a. join the rat race
    b. burn yourself out
    c. live the life of Riley

3. Our neighbors *act like they are special*, but they are quite average.

    a. put on airs
    b. have the latest toys
    c. have it all

4. I would feel nervous mixing at a party with *the elite*.

    a. the rat race
    b. the jet set
    c. the life of Riley

5. I think our receptionist is *paid too much*.

    a. burning me out
    b. not worth her salt
    c. putting on airs

Chapter 7. *Rat Race*

6. I don't have enough money to buy *things like a VCR, camcorder*.

    a. the life of Riley
    b. the rat race
    c. any of the latest toys

7. James *had wealth and success* but he died at the age of 40.

    a. had it all
    b. kept up with the Joneses
    c. was worth his salt

8. *Competing with your neighbors* helps the economy.

    a. Keeping up with the Joneses
    b. Having it all
    c. Being in the jet set

9. No president can *compare to* JFK.

    a. hold a candle to
    b. put on airs like
    c. burn out like

10. *The stress and competition of urban life* contributes to hundreds of suicides.

    a. Putting on airs
    b. The rat race
    c. Having the latest toys

▶정답과 해석은 90page에

정답과 해석

Practice
1. F. 너는 브렌다와 비교가 안 된다. 네가 더 아름답다.
2. F. 새로 온 투수는 연봉값을 못한다. 그는 높은 연봉을 받을 만하다.
3. F. 네가 상류층에 속한다면 당신은 평범한 삶을 살 것이다.
4. T. 나는 남과 경쟁하며 사는 것에 싫증난다. 우리 시골로 떠나자.
5. T. 에드는 부동산을 판 후 근심 없는 생활을 할 수 있었다.
6. T. 내 동생은 홀엄마가 된다는 스트레스로 기력이 다 소진됐다.
7. F. 내 사업이 망해서 나는 모든 것을 다 가졌다.
8. T. 으스대지 말아라. 너는 공주가 아니다.
9. T. 인터넷 접속을 할 수 있는 휴대폰은 소비자에게는 최신의 제품이다.
10. F. 나는 치열한 경쟁사회를 떠나 뉴욕 시에서 변호사로 일했다.

Review
1. (c) 컨설팅 회사에 근무하는 것은 너를 지치게 하고 스트레스를 받게 할 수 있다.
2. (c) 네가 영리하게 투자를 한다면 근심 없는 삶을 살지 못할 이유가 없다.
3. (a) 우리 이웃들은 그들이 특별한 것처럼 행동하지만 그들은 아주 평범하다.
4. (b) 나는 상류층과 어울려 파티를 하는 것이 부담스럽다.
5. (b) 나는 우리 접수원이 월급을 너무 많이 받는다고 생각한다.
6. (c) 나는 VCR, 캠코더와 같은 것들을 살 돈이 없다.
7. (a) 제임스는 부와 성공을 이루었지만 40세의 나이로 죽었다.
8. (a) 다른 사람들과 경쟁하는 것은 경제에 도움이 된다.
9. (a) 어떤 대통령도 JFK와 비교될 수 없다.
10. (b) 도시 생활의 스트레스와 치열한 경쟁은 많은 자살자를 만들었다.

Chapter 8

More Fish in the Sea (세상에 많은 게 남자[여자]다)
   Theme : Ships and sailing (주제 : 배와 항해)

Warm Up

1. Do you ever get depressed?
2. Have you ever misjudged someone?
3. Do you know anyone with a bad temper?

    1. 당신은 의기소침한 적이 있습니까?
    2. 당신은 누군가를 잘못 판단한 적이 있습니까?
    3. 당신은 화를 잘 내는 사람을 알고 있습니까?

Reading

다음은 결혼 생활에 실패한 여자에 대한 이야기입니다.

Matt : How has your sister Sue been doing since her divorce?

Pam : It's been **touch and go** for her. Some days she's fine, but other days it's hard for her.

Matt : She was really **in the doldrums** the last time I saw her. She was **three sheets to the wind** and looked like she hadn't eaten a **square meal** for weeks.

Pam : I know. Tony **went overboard** during their divorce and destroyed everything in the house. He also gambled all of Sue's savings playing poker.

Matt : That's terrible! How is Sue going to pay all her bills?

Pam : Mom and Dad are **bailing her out**. It won't exactly be **smooth sailing** for her, but she'll survive.

Matt : Everyone warned her that marrying Tony wasn't a good idea. Almost no one thought he was **above board**.

Pam : And everyone was right, unfortunately. Tony **showed his true colors** once they were married.

Matt : Well, tell Sue not to worry too much. **There're always more fish in the sea**.

Chapter 8. *More Fish in the Sea*

매트 : 네 여동생 수는 이혼한 후 어떻게 지내니?
팜　 : 수는 아직까지는 불안정한 상태야. 어떤 날은 기분이 좋았다가 또 어떤 날은 힘들어 하기도 해.
매트 : 내가 지난번에 그녀를 봤을 때 아주 침울해 있던데. 그녀는 술에 취해 있었고 몇 주일 동안 제대로 된 밥을 먹지 못했던 것 같았어.
팜　 : 나도 알아. 토니는 이혼하는 동안 극단적인 행동을 해서 집안에 있는 모든 것들을 부셔 버렸어. 또한 수가 저금한 모든 돈을 포커하는 데 썼어.
매트 : 끔찍하구나! 수는 어떻게 그녀의 모든 빚을 갚으려고 해?
팜　 : 엄마와 아빠가 수를 도와 주고 있어. 그녀에게는 순탄한 생활이 되기 어렵겠지만 그녀는 이겨낼 거야.
매트 : 모든 사람이 수가 토니와 결혼하는 것은 잘하는 것이 아니라고 충고했는데. 아무도 그가 공명정대하다고 생각하지 않았지.
팜　 : 불행히도 모든 사람의 말이 옳았어. 토니는 결혼하자마자 그의 본 모습을 보인 거야.
매트 : 음, 수에게 너무 걱정하지 말라고 해. 세상에 많은 게 남자니까.

Vocabulary

1. touch and go	불안정한 상태, 위험한 정세
2. in the doldrums	침울해 있는
3. three sheets to the wind	술에 취한
4. square meal	정식 식사
5. to go overboard	극단적으로 행동하다
6. to bail someone out	어려움에 있는 사람을 구하다
7. smooth sailing	순조로운 항해
8. above board	공명정대하게
9. to show one's true colors	기치(태도)를 분명히 하다
10. There are more fish in the sea.	세상에 많은 게 남자(여자)다.

93

Origins & Examples

1. Touch and go
unstable

옛날에는 해외로 화물을 운반하기 위해서는 배가 유일한 수단이었습니다. 어떤 때에는 물건들이 한 배에서 다른 배로 옮겨져야 할 때도 있었습니다. 이렇게 하기 위한 유일한 방법은 두 배를 아주 가깝게 해서 붙여야(touch) 했죠. 물건들을 다 옮긴 후에는 두 배는 떨어져서 각자 길을 갈(go) 것입니다. 이 과정은 힘들고 어려운 일이어서 touch and go는 '불안전한 상태나 위험한 정세'를 나타내는 말이 되었습니다. (1800년대 초반)

Things have been **touch and go** for Vera since Joe died.
조가 죽은 이래로 베라에게는 모든 것이 불안정했다.

It was **touch and go** whether Rosa would survive the accident.
로사가 그 사고에서 살아나든 아니든 위험한 상황이었다.

2. In the doldrums
depressed

Doldrums는 불안정한 무역풍이 부는 적도 부근에 실제로 존재하는 지역입니다. 배는 바람이 부족한 지역에서는 쉽게 좌초될 수 있으므로 Doldrums에 있다는 것은 우울하거나 마음이 산란하다는 의미가 되었습니다.

Whenever I'm **in the doldrums** I drink whiskey.
나는 우울해질 때마다 위스키를 마신다.

Single men or women are often **in the doldrums** on Valentine's Day.
애인이 없는 사람들은 발렌타인 데이에 종종 우울함을 느낀다.

Chapter 8. *More Fish in the Sea*

3. Three sheets to the wind
drunk

이 표현은 배의 돛을 통제하지 못해 벌어지는 일을 암시하는 말입니다. 즉 3개의 돛을 단 배에서 하나의 돛이 떨어져 나가면 그 배는 중심을 잃고 비틀거리는 술고래처럼 통제가 되지 않을 것입니다. 만약 3개의 돛이 느슨해진다면 상황은 더욱 혼란에 빠집니다. 또 하나 생각할 수 있는 것은 2개나 4개의 돛을 가진 배는 균형이 잡히지만 3개의 돛을 가진 배는 그렇지 못하다는 데에서 이 표현이 나왔다고도 합니다.

My uncle was **three sheets to the wind** at the party.
내 삼촌은 파티에서 술을 많이 마셨다.

Every time I see Beth she's **three sheets to the wind**.
내가 베스를 볼 때마다 그녀는 술에 취해 있었다.

4. Square meal
a proper meal

1700년대 영국 전함의 선원들은 빈약하게 식사를 제공받았습니다. 아침과 점심으로 선원들은 빵 한 조각과 음료수 한 병으로 식사를 해야만 했습니다. 그러나 저녁에는 고기가 곁들여진 균형 잡힌 식사를 제공받았죠. 이러한 식사는 정사각형의 쟁반으로 받았기 때문에 선원들은 그 날의 가장 실속 있는 식사를 square meal이라고 표현하기 시작했습니다.

What you need is a good **square meal** to make you feel better.
네가 필요한 것은 기분이 좋아질 훌륭한 식사이다.

It's hard eating regular **square meals** when you are a busy executive.
당신이 바쁜 회사 간부라면 규칙적인 식사를 하기 힘들 겁니다.

5. To go overboard
to act in an extreme way

만약 선원이 배에서 바다로 떨어진다면 승무원들은 "Man overboard!"라고 외칠 것입니다. go overboard는 사람이 배에서 물속으로 떨어진다는 것을 의미하지만 1900년대부터는 어떤 사람이 극단적인 방법으로 행동한다고 생각되어질 때 일반적으로 쓰이기 시작했습니다.

You went overboard when you punched your father.
네가 아버지를 치는 것은 극단적인 행동이었다.

My girlfriend always goes overboard when she has my credit card.
내 여자 친구는 내 신용카드를 가지고 있으면 항상 극단적으로 행동한다.

6. To bail someone out
to help someone out of a difficult situation

배에 물이 차게 되면 선원들은 배가 가라앉는 것을 막기 위해 들통을 가지고 물을 퍼냅니다.(bail out) 이 말은 1600년대부터 쓰이기 시작했고 오늘날 미국에서도 그 원래의 의미로 쓰입니다. 그러나 1900년대부터 bail out은 위급 상태, 특히 경제적으로 위급할 때 누군가를 구해 주는 것을 나타내게 되었습니다.

The government was forced to **bail out** the bankrupt company.
정부는 그 파산된 회사를 지원해야 했다.

Thanks for **bailing** me **out** with that loan. I'll pay you back soon.
대부로 나를 도와 줘서 감사합니다. 곧 갚겠습니다.

Chapter 8. *More Fish in the Sea*

7. Smooth sailing
no more trouble

잔잔한 바다에서 항해하는 것은 큰 파도가 없기 때문에 근심이 없는 항해, 즉 순탄한 항해를 하는 것입니다. smooth sailing은 1900년대까지는 뱃사람의 용어였지만 그 이후로는 어떤 종류의 쉬운 진행을 일컫는 말이 되었습니다.

Once we finish our car payments it'll be **smooth sailing**.
우리는 자동차 대금만 끝내면 순탄한 생활을 할 것이다.

It was **smooth sailing** after I sold my stocks and retired.
나는 주식을 팔고 은퇴해서 순탄한 생활을 하고 있었다.

8. Above board
honest and trustworthy

뱃사람들이 쓰는 이 표현은 배의 갑판 밑에 불법 화물을 숨기는 행위를 언급하는 것에서 유래되었습니다. 정직하지 않은 선원들은 종종 불법 화물들을 다른 사람들이 잘 보지 못하는 곳에 숨겨 놓곤 했습니다. 반면에 모두에게 잘 보이는 갑판 위에(above board) 배의 화물을 놓는 것을 정직하고 공명정대한 것이 됩니다.

I think everyone on our staff is **above board**, how about you?
나는 우리 스텝진이 모두 정직하다고 생각하는데 당신은 어떻게 생각해요?

I don't think the bank manager is **above board**. He looks dishonest.
나는 그 은행의 매니저가 공명정대하다고 생각지 않는다. 그는 정직해 보이지 않는다.

9. To show one's true colors
to reveal one's true character

옛날에 바다에서 전투를 할 때에는 발포를 하기 전에 배의 소속을 밝히는 깃발을 올려야 했습니다. 그러므로 적을 속이기 위해 전함들은 종종 중립기를 달곤 했습니다. 적의 군함이 사정거리 안에 들어오면 상대방 군함은 그때서야 자기들의 진짜 깃발을 올리고 공격을 개시했습니다. 이러한 의미에서 믿을 수 있게 보이는 사람이 그의 진면목을 보여 부정직함이 증명될 때 이 표현을 씁니다.

Jack **showed his true colors** when he stole my laptop computer.
잭이 내 휴대용 컴퓨터를 훔쳤을 때 그의 진면목을 보였다.

During crises people **show their true colors**.
위기가 닥치면 사람들은 진면목을 보인다.

10. There are always more fish in the sea.
There are millions of men/women to date.

이 표현은 바닷속의 물고기와 지구상의 사람을 비유하고 있습니다. 바다에는 수많은 물고기가 살고 있으므로 물고기 한 마리가 그물에서 도망을 쳐도 어부는 항상 다른 물고기를 잡을 수 있습니다. 그러므로 이성 관계에서 헤어져 실망한 사람은 There are always more fish in the sea.라는 말로 위안을 삼을 수 있습니다.

I feel bad that Angie broke up with me, but **there are always more fish in the sea**.
나는 앤지와 헤어져서 기분이 좋지 않지만 여자들은 항상 많으니까.

A : What if Pat doesn't like you?
패트가 너를 좋아하지 않는다면 어떡하지?

B : **There are always more fish in the sea.**
여자들은 항상 많으니까.

Chapter 8. *More Fish in the Sea*

Practice

다음 문장 속에 있는 이디엄은 잘못 쓰여진 것입니다. 바르게 고쳐 봅시다.

❶ My sister is at the doldrums these days because she failed her exams.
   Answer :

❷ You can easily meet another girl. There are always more fish from the sea.
   Answer :

❸ The last time I had a round meal was when I lived with my parents.
   Answer :

❹ It has been touch the go for my grandfather. He's still quite ill.
   Answer :

❺ Jim came to his wedding three sheets of wind.
   Answer :

❻ Many countries were wailed out by the IMF in the 1990s.
   Answer :

❼ Do you think our mayor is on board? I heard he takes bribes.
   Answer :

❽ When Damian blamed Laura for his mistake he showed his new colors.
   Answer :

❾ Max went overland when he pointed a gun at his neighbor.
   Answer :

❿ After I sold the rights to my novel for $1 million it was smooth sales.
   Answer :

▶정답과 해석은 102page에

Review

이탤릭 글자로 쓰여진 뜻의 이디엄을 골라 봅시다.

1. Madge is *really depressed* these days.

      a. above board
      b. three sheets to the wind
      c. in the doldrums

2. Everyone was shocked when the pastor stumbled in *drunk*.

      a. touch and go
      b. smooth sailing
      c. three sheets to the wind

3. My business is in trouble. Could you *give me a loan*?

      a. give me a square meal
      b. bail me out
      c. throw some fish in the sea

4. You seem *trustworthy*. Let's work together on this project.

      a. in the doldrums
      b. above board
      c. touch and go

5. You shouldn't eat so much junk food. Try to eat *healthy food* as often as possible.

      a. more fish from the sea
      b. smooth sailing
      c. a square meal

Chapter 8. *More Fish in the Sea*

6. Did I *act too harshly* by spanking my son?

    a. go overboard
    b. show my true colors
    c. bail myself out

7. Once you finish moving *everything will be fine*.

    a. there will be more fish in the sea
    b. it will be smooth sailing
    c. it will be touch and go

8. Though the patient recovered from his heart attack, his condition was *unstable*.

    a. touch and go
    b. above board
    c. in the doldrums

9. You can easily meet someone else, Gina. There are *thousands of men to choose from*.

    a. three sheets to the wind
    b. so many square meals
    c. more fish in the sea

10. Charles showed *what a terrible person he really was* when he kicked the puppy.

    a. smooth sailing
    b. his true colors
    c. touch and go

▶정답과 해석은 102page에

정답과 해석

Practice

1. My sister is **in the doldrums** these days because she failed her exams.
   내 여동생은 시험에 떨어졌기 때문에 요즈음 우울하다.
2. You can easily meet another girl. **There are always more fish in the sea**.
   너는 여자 친구를 쉽게 사귈 수 있다. 세상에 많은 게 여자니까.
3. The last time I had a **square meal** was when I lived with my parents.
   내가 마지막으로 제대로 된 식사를 한 것은 부모님하고 같이 살 때였다.
4. It has been **touch and go** for my grandfather. He's still quite ill.
   내 할아버지는 위험한 상태이다. 여전히 많이 아프시다.
5. Jim came to his wedding **three sheets to the wind**.
   짐은 결혼식에 술에 취해서 왔다.
6. Many countries were **bailed out** by the IMF in the 1990s.
   많은 나라들이 1990년대에 IMF의 도움을 받았다.
7. Do you think our mayor is **above board**? I heard he takes bribes.
   당신은 우리 시장이 정직하다고 생각합니까? 나는 그가 뇌물을 받았다고 들었습니다.
8. When Damian blamed Laura for his mistake he **showed his true colors**.
   대미안이 그의 실수를 로라 탓으로 돌릴 때 그는 그의 진면목을 보였다.
9. Max **went overboard** when he pointed a gun at his neighbor.
   맥스가 그의 이웃에게 총을 겨눈 것은 극단적으로 행동한 것이었다.
10. After I sold the rights to my novel for $1 million it was **smooth sailing**.
    나는 내 소설의 권리를 백만 달러에 판 후 순탄한 생활을 했다.

Review

1. (c) 매쥐는 요즈음 정말로 우울해 한다.
2. (c) 그 목사님이 술에 취해 비틀거릴 때 모든 사람이 충격을 받았다.
3. (b) 내 사업이 어려움에 빠져 있습니다. 돈 좀 빌려 줄 수 있습니까?
4. (b) 당신은 믿을 만합니다. 이 프로젝트를 같이 해 봅시다.
5. (c) 즉석 식품을 너무 많이 먹지 말고 가능한 한 몸에 좋은 음식을 먹어라.
6. (a) 내가 아들을 한 대 때린 것이 극단적으로 행동한 것인가요?
7. (b) 이사를 끝내기만 한다면 모든 것이 잘될 것이다.
8. (a) 비록 그 환자가 심장마비에서 회복되었지만 그의 상태는 불안정했다.
9. (c) 지나, 너는 쉽게 남자 친구를 만날 수 있을 거야. 세상에는 많은 남자들이 있으니까.
10. (b) 찰스는 강아지를 걷어참으로써 그가 얼마나 끔찍한 사람인지 보여 주었다.

Chapter 9

The Dark Horse (의외의 강력한 경쟁 상대)
Theme : Horse racing (주제 : 경마)

Warm Up

1. Do you find politics interesting? Why or why not?
2. Do you think you would make a good politician?
3. Have you ever been behind in a competition and then won?
4. What is something you once predicted but did not come true?

1. 당신은 정치에 흥미가 있습니까? 흥미 있는 이유와 흥미 없는 이유는 무엇인가요?
2. 당신은 훌륭한 정치인을 선출할 수 있다고 생각합니까?
3. 당신은 경쟁에서 처져 있다가 이긴 적이 있습니까?
4. 당신이 예상했다가 실현되지 않은 것은 무엇인가요?

Reading

다음은 선거에서 예상 밖의 후보가 당선되었다는 이야기입니다.

Democrat Troy Campbell's state election win came as a big surprise to most observers. Campbell, said critics, was unknown and would easily lose to Republican candidate Ned Fielding. His main problem, they argued, was the lack of a clear political **track record**. Political analysts claimed that because Campbell was starting **from scratch**, Fielding was a **shoo-in**.

But the critics were wrong. Although Campbell was the **dark horse**, he quickly **jockeyed into position** when news reached the public of Fielding's corruption charges. It was **neck and neck** for a day or two, but then Campbell **came from behind** in the **homestretch**. Although the race went **down to the wire**, those who had predicted a Fielding victory soon realized they had **bet on the wrong horse**.

Chapter 9. *The Dark Horse*

해석

　민주당의 트로이 캠벨이 주 선거에서 승리한 것은 대다수의 사람들에게 큰 놀라움이었다. 평론가들은 캠벨은 잘 알려지지 않은 인물이어서 공화당의 후보 네드 필딩이 쉽게 이길 거라고 말했다. 그들은 캠벨의 가장 큰 문제로 그가 뚜렷한 정치적 업적이 없다는 것을 지적했다. 정치 분석가들은 캠벨은 무에서부터 시작하는 것이기 때문에 필딩이 선거에서 낙승할 것이라고 주장했다.

　그러나 평론가들의 생각은 틀렸다. 비록 캠벨이 의외의 경쟁자였지만 그는 필딩의 부패 혐의가 대중에게 알려지자 상대를 제치고 유리한 입장이 되기 시작했다. 하루, 이틀은 막상막하였지만 최종 결과는 캠벨의 역전승으로 끝이 났다. 비록 선거는 마지막까지 갔지만 필딩의 승리를 예상한 사람들은 곧 잘못된 판단을 했다는 것을 깨달았다.

Vocabulary

1. track record	육상 경기의 성적, 실적, 업적
2. from scratch	스타트 라인에서, 무에서
3. shoo-in	(승리가 확실한) 후보자, 낙승
4. dark horse	의외의 강력한 경쟁 상대
5. to jockey into position	유리한 입장에 서려고 하다
6. neck and neck	경합하여, 막상막하로
7. to come from behind	추월하여 1등이 되다, 역전승하다
8. the homestretch	일의 최종 단계
9. down to the wire	마지막까지
10. to bet on the wrong horse	그릇된 판단을 하다

Origins & Examples

1. Track record
experience or achievements

경마는 일반적으로 트랙에서 행해집니다. track record는 말이 주어진 거리 또는 각자의 트랙에서 이루어 낼 수 있는 가장 좋은 시간을 나타냅니다. 그래서 1940년대부터 쓰이기 시작한 이 표현은 경기의 기록, 또는 일반적으로 실적이나 업적을 나타내는 데 쓰입니다.

Pete's **track record** as CEO is terrible. We've been in the red for three years.
최고 경영자로써 피트의 실적은 형편없다. 우리는 3년 동안 적자를 기록하고 있다.

Rachel has a poor **track record** as a saleswoman. In fact, she's our worst performer.
레이첼은 판매원으로써 형편없는 실적을 올렸다. 사실 그녀는 우리의 최악의 직원이다.

2. From scratch
completely from the beginning

옛날에 경마장의 출발점은 단지 땅에다 선을 그어서 사용했습니다. 그러므로 경주자들은 출발 준비가 되면 그 선에서(from scratch) 출발했죠. 그래서 1800년대에 쓰인 이 말은 어떤 사람이 완전히 처음부터 다시 시작해야만 할 때 쓰는 일반적인 말이 되었습니다.

I made this computer **from scratch**.
나는 이 컴퓨터를 처음부터 다시 만들었다.

My mom made this cake **from scratch**.
엄마는 케익을 처음부터 다시 만들었다.

Chapter 9. *The Dark Horse*

3. Shoo-in

a person or animal expected to win a race or competition

shoo-in은 원래 경마에서 우승한 사람을 암시하는 표현입니다. shoo는 소리를 내거나 몸짓으로 어떤 쪽에 있는 사람이나 동물을 구슬리는 의성어로 1900년대 초에 사람들은 이러한 방법으로 경마에서 말을 우승시키기도 했습니다. 여기에서 유래되어 이 표현은 어떤 경쟁이나 경주, 선거에서 확실히 이길 수 있는 사람을 나타내는 일반적인 말이 되었습니다.

Ex. I thought Jones was a **shoo-in**, but Day won the election.
나는 존스가 낙승할 것이라고 생각했는데 데이가 선거에서 이겼다.

Jim is a **shoo-in** for the job. He has all the right qualifications.
짐이 그 일에 적합한 후보다. 그는 모든 자격을 갖추었다.

4. Dark horse

a relatively unknown or not favored person who sometimes surprises observes by winning a race or competition

이 표현은 잘 알려지지 않은 말이 경마에서 우승한 것을 나타냅니다. 그러나 1800년대에는 이 말이 정치권에도 들어오게 되었습니다. 처음으로 다크 호스(dark horse)라고 불린 정치인 중의 한 명은 제임스 폴크입니다. 그는 1844년 민주당 대통령 후보를 뽑는 투표에서 유력한 후보인 마틴 반 버렌에게 승리했습니다. 상대당인 휘그당에서는 '제임스 폴크가 누구야?' 하며 비웃었지만 폴크는 영토 확장 정책으로 선거에서 이겨 11번째 미국 대통령이 되었습니다.

Todd Grant is clearly the **dark horse** candidate as he is a newcomer to politics.
토드 그랜트는 정치에 새로 입문했으므로 의심할 여지 없이 다크 호스이다.

The **dark horse** of the tournament, Belarus defeated the Swedish team.
그 토너먼트의 다크 호스인 벨라루스는 스웨덴 팀에게 승리했다.

5. To jockey into position
to skillfully maneuver

이 표현은 경마에서 말을 우승시키기 유리한 위치에 있게 하는 계략을 뜻하는 말입니다. 1900년대에서 유래된 이 표현은 20세기 중반에 정치권과 비지니스 세계에도 전파되어 '유리한 위치에 서려고 하다' 라는 의미로 쓰이고 있습니다.

Ex. Once we **jockey into position**, we'll be able to sell a lot of our products.
우리가 유리한 위치에 선다면 많은 제품들을 팔 수 있을 것이다.

The Mets **jockeyed into position** in the ninth inning and won the game.
메츠는 9회에 유리한 위치를 차지해 그 게임을 이겼다.

6. Neck and neck
a close race (between two competitors)

경마에서 두 말이 시합을 한다면 말들은 서로 앞서 달리려고 하기 때문에 말의 목들은 서로 가깝게 붙어 보일 겁니다. 이럴 때 쓰는 표현이 neck and neck(막상막하)입니다. 경마에서 나온 이 표현은 선거에서도 쓰이고 있습니다.

Ex. The two teams are **neck and neck** in the standings going into this game.
순위가 막상막하인 두 팀이 경기를 하고 있다.

Ed and Floyd were **neck and neck**, but Ed won the race by 0.3 seconds.
에드와 플로이드는 막상막하였지만 에드가 0.3초 차이로 경주에서 이겼다.

Chapter 9. *The Dark Horse*

7. To come (up) from behind
to catch up to someone

경마에서 뒤에 처진 말이 때로는 선두를 달리는 말을 따라잡을 수도 있습니다. 이럴 때 쓰는 표현이 바로 come (up) from behind입니다. 비록 이 표현이 경마에서 유래되었지만 다른 스포츠나 여러 상황에서도 사용되고 있습니다.

The driver **came from behind** and won the Grand Prix.
그 카레이서는 역전승으로 그랑프리에서 우승했다.

I doubt that my hockey team will be able to **come from behind**. The score is 5-2.
나는 내 하키 팀이 역전승을 할 수 있을 거라 생각하지 않는다. 스코어가 5대 2이다.

8. The home stretch
the final stage of something

homestretch는 결승선 앞의 직선 코스를 나타냅니다. 이 말도 경마에서 나왔지만 다른 여러 스포츠에서 사용되고 있고 또 어떤 계획의 마지막 단계를 나타내는 데에도 이 표현이 쓰입니다.

I am **in the home stretch** of writing my autobiography.
나는 내 자서전을 쓰는 데 마지막 단계에 있다.

The skater slipped and fell **in the home stretch**.
그 스케이트 선수는 결승선 앞 직선 코스에서 미끄러져 넘어졌다.

109

9. Down to the wire
until the last possible second

일반적으로 경주에서는 결승선이라고 불리는 끈(wire)이 결승 지점에 길게 가로질러 있습니다. 그래서 일등으로 들어오는 선수가 그 끈을 끊는 것입니다. 경주가 아주 접전이라면 우승자는 마지막 순간까지 알 수가 없습니다. 결승선이 끊어져야 그 결과를 알 수 있는 것이죠. 이런 상황에 down to the wire라는 말을 씁니다.

The first two games went **down to the wire**.
처음 두 게임은 마지막까지 갔다.

We went **down to the wire**, but finished on time.
우리는 마지막까지 갔지만 정시에 끝냈다.

10. To bet on the wrong horse
to make an inaccurate prediction

경마에서 진 말에 돈을 걸었던 노름꾼들은 베팅을 잘못한 것입니다.(bet on the wrong horse) 이 표현은 선거나 다른 여러 가지 경쟁 상황에서도 쓰이고 있습니다.

If you expect John to beat me at chess, you are **betting on the wrong horse**.
네가 존이 체스에서 나를 이길 것이라고 기대한다면 너는 잘못 예측한 것이다.

I **bet on the wrong horse** by saying the Expos would win the World Series.
내가 엑스포즈가 월드시리즈에서 우승할 거라고 말한 것은 잘못 예측한 것이다.

Chapter 9. *The Dark Horse*

Practice

바른 문장이 되도록 괄호 안에 알맞은 단어를 써 넣으세요.

❶ I guess you bet on the wrong (   ). Your candidate lost.

❷ To get more clients you will have to build a (   ) record.

❸ They say some terrorists can build a bomb from (   ).

❹ I'm betting on horse number 6. I heard he is a (   ).

❺ We're nearly finished the negotiations. We're in the (   ).

❻ This senate race is going (   ) to the wire.

❼ The two cars were (   ) and neck at the finish line, but Stewart had won the race.

❽ Rocky came from (   ) and defeated his opponent.

❾ Although James was the (   ) horse, he became student president.

❿ The racecar driver jockeyed (   ) position and took the lead.

▶정답과 해석은 114page에

Review

이탤릭 글자로 쓰여진 뜻의 이디엄을 골라 봅시다.

1. Believe it or not, I made this pie *from the original ingredients*.

    a. from scratch
    b. a shoo-in
    c. in the homestretch

2. Ann Jones *could surprise everyone and win*.

    a. is a shoo-in
    b. is the dark horse
    c. has a track record

3. Rod tends to slow down *in the final stages* of a project.

    a. to the wire
    b. to come from behind
    c. in the homestretch

4. This political race *was close right until the end*.

    a. jockeyed into position
    b. started from scratch
    c. went down to the wire

5. Do you have *experience*?

    a. a dark horse
    b. the homestretch
    c. a track record

Chapter 9. *The Dark Horse*

6. Betty is *highly favored* to win the beauty pageant.

    a. a shoo-in
    b. coming from behind
    c. the dark horse

7. You *chose the wrong team* to win the championships.

    a. bet on the wrong horse
    b. jockeyed into position
    c. came from behind

8. We *maneuvered carefully* and defeated the other team.

    a. had a track record
    b. jockeyed into position
    c. were in the homestretch

9. The Dodgers *were losing but advanced* and won the game.

    a. were the shoo-ins
    b. came from behind
    c. went down to the wire

10. Debbie and Alan were *side by side* at the finish line.

    a. in the homestretch
    b. from scratch
    c. neck and neck

▶정답과 해석은 114page에

정답과 해석

Practice

1. horse
   나는 네가 잘못 예측했다고 생각한다. 네가 지지하는 후보가 졌다.
2. track
   고객을 더 끌어들이려면 너는 실적을 쌓아야 한다.
3. scratch
   그들은 어떤 테러리스트는 아무것도 없는 상태에서도 폭탄을 만들 수 있다고 말한다.
4. shoo-in
   나는 6번 말에 돈을 걸 것이다. 나는 그 말이 우승 후보라고 들었다.
5. homestretch
   우리는 거의 협상을 마쳤다. 우리는 최종 단계에 있다.
6. down
   이 의회 선거는 마지막까지 갈 것이다.
7. neck
   두 자동차는 결승점까지 막상막하였지만 스튜어트가 경주를 이겼다.
8. behind
   록키는 역전승으로 그의 상대를 이겼다.
9. dark
   비록 제임스가 다크 호스였지만 그가 학생 회장이 되었다.
10. into
    그 카레이서는 유리한 위치를 잡아 리드를 했다.

Review

1. (a) 믿거나 말거나 나는 이 파이를 원래의 재료로 만들었다.
2. (b) 앤 존스는 승리해서 모든 사람을 놀라게 했다.
3. (c) 로드는 프로젝트의 마지막 단계에서 일을 더디게 하는 경향이 있다.
4. (c) 이 선거는 마지막까지 가는 접전이었다.
5. (c) 경험이 있습니까?
6. (a) 베티는 미인 대회에서 우승할 정도로 호평을 받았다.
7. (a) 너는 우승할 팀을 잘못 선택했다.
8. (b) 우리는 조심스럽게 작전을 세워 상대팀을 패배시켰다.
9. (b) 다저스는 지고 있었지만 치고 나가 경기를 이겼다.
10. (c) 데비와 알란은 결승선에 나란히 들어왔다.

Chapter 10

Boxed Into a Corner (어려운 상황으로 몰리다)
Theme : Boxing (주제 : 권투)

Warm Up

1. Do you like boxing?
2. Who are some famous boxers?
3. Do you usually win or lose arguments?
4. Do you have a hot temper?

1. 당신은 권투를 좋아합니까?
2. 유명한 권투 선수들은 누구인가요?
3. 당신은 보통 논쟁에서 이깁니까, 집니까?
4. 당신은 성미가 급합니까?

Reading

다음은 여자 친구와 다툰 남자의 이야기입니다.

Alan : I just had an argument with Connie again.
Jerry : It seems like your relationship is always **on the ropes**. What happened this time?
Alan : She saw me with another woman.
Jerry : Whew! Sounds like you really **boxed yourself into a corner**, Alan.
Alan : Yeah, and she **didn't pull any punches**, either. She called me a "fat loser"!
Jerry : "Fat loser"? That's a **low blow**! So, did you **throw in the towel**?
Alan : I wanted to first, but she **beat me to the punch** and told me she didn't want to see me ever again.
Jerry : How are you feeling now?
Alan : Not so great. I didn't expect her to **hit me below the belt** with that "loser" comment. I was **down for the count** after that, but I'll be fine. I have to **roll with the punches**, right? Anyway, I really like that new girl I met. She's quite a **knockout**.
Jerry : Well, good luck.

Chapter 10. *Boxed Into a Corner*

 해석

알란 : 나는 방금 코니와 또 다투었어.
제리 : 너희들은 항상 위태위태하구나. 이번에는 또 무슨 일이야?
알란 : 내가 다른 여자와 같이 있는 것을 그녀가 봤어.
제리 : 휴! 듣고 보니 너는 진짜 어려운 처지에 놓인 것 같구나, 알란.
알란 : 그래, 그녀가 이번에는 사정을 봐 주지 않더라구. 나를 "멍청이"라고 불렀어.
제리 : 멍청이? 그런 심한 말을 하다니! 그래서 잘못했다고 했니?
알란 : 처음에 그럴려고 했는데 그녀가 먼저 기선을 잡아 나를 다시는 보고 싶지 않다고 말하지 뭐야.
제리 : 지금 기분은 어때?
알란 : 썩 좋지는 않아. 나는 그녀가 그 "멍청이"라는 비열한 말로 나를 심하게 대하지 않기를 바랬는데. 나는 그녀에게 완전히 당했지만 괜찮아질 거야. 나는 이런 아픔을 견뎌야만 해, 그렇지? 그러나 저러나 새로 만난 여자 친구는 정말 맘에 들어. 정말 매력적인 여자야.
제리 : 그래, 행운을 빈다.

Vocabulary

1. to be on the ropes	어려움에 처하다
2. to box oneself into a corner	어려운 상황으로 몰다
3. to not pull any punches	사정을 봐 주지 않다
4. low blow	벨트 아래를 치는 반칙, 비열한 짓
5. to throw in the towel	항복하다, 패배를 인정하다
6. to beat someone to the punch	먼저 펀치를 날리다, 기선을 제압하다
7. to hit below the belt	반칙을 하다, 비겁한 짓을 하다
8. to be down for the count	패배를 당하다
9. to roll with the punches	유연한 태도로 충격을 완화시키다
10. knockout	매력적인 사람

Origins & Examples

1. To be on the ropes
to be in trouble

    수세에 몰린 권투 선수는 상대방의 주먹을 피하려다 중심을 잃고 로프에(on the ropes) 기댈지도 모릅니다. 이런 상황에서는 그 선수는 쉽게 패배로 끝날 수 있는 아주 불리한 상황에 처한 것이 됩니다. 그래서 1900년대 중반에 쓰인 이 표현은 어려움에 처한 상황을 나타낼 때 쓰입니다.

Ex. Several hi-tech companies have been **on the ropes** since the recession began.
    몇몇 하이테크 기업들은 불경기가 시작되자 어려움에 처하기 시작했다.

Our marriage was **on the ropes**, but now we're okay.
    우리 결혼 생활은 곤경에 빠졌었지만 지금은 괜찮다.

2. To box someone/oneself into a corner
to put someone/oneself into a difficult situation

    권투의 전술 중에 상대방의 움직임을 자유롭지 못하게 하기 위해 상대를 링의 코너로 몰아가는 것이 있습니다. 이렇게 코너로 몰린 선수는 어려운 상황에 처하게 됩니다. 그래서 누군가를 어려운 처지로 몰거나 곤경에 빠뜨릴 때 box ~ into a corner라는 표현을 씁니다.

Ex. The President **boxed himself into a corner** as a result of the scandal.
    대통령은 스캔들 때문에 곤경에 빠졌다.

You're **boxing me into a corner** by refusing to pay back the money you owe me.
    네가 내게 빌렸던 돈을 갚지 않아 나는 지금 곤경에 빠져 있다.

Chapter 10. *Boxed Into a Corner*

3. To not pull any punches
to not be gentle in an argument

pull one's punches는 권투 용어로 '세게 치지 않다, 봐 주다'라는 뜻입니다. 여기서 pull은 '억제하다'라는 의미가 됩니다. 1900년대 초반부터 미국인들은 이 표현을 권투 외의 여러 상황에도 쓰고 있습니다.

Burns does**n't pull any punches**. If he doesn't like you, he'll tell you to your face.
번즈는 사정을 봐 주지 않는다. 네가 싫다면 그는 네 면전에서 너에게 말할 것이다.

Tell me what you think of my art — and do**n't pull any punches**.
사정을 봐 주지 말고 내 예술에 대해 어떻게 생각하는지 말해 주세요.

4. Low blow
unfair comment

blow는 강타한다는 의미입니다. 권투 규칙에는 선수들이 허리 밑의 부분은 때리지 못하게 규정하고 있습니다. 만약에 그것을 위반했을 경우에 low blow(벨트 아래를 치는 반칙)라고 불렀습니다. 이 말은 1950년대부터 부적절하고 무례한 말을 암시하는 표현이 되었습니다. [Below the belt 참조]

That was really a **low blow** when you told my brother he was an "idiot."
네가 내 동생에게 "얼간이"라고 부른 것은 정말 심한 말이었다.

Did you just call me a "failure"? That's a **low blow**!
네가 방금 나에게 "실패자"라고 했니? 너무 심한 말인데!

5. To throw in the towel
to give up; end something

복싱의 초기 시대에 선수는 수건이나 스폰지를 링의 중앙에 던짐으로써 패배를 인정하곤 했습니다. 1900년대 초부터 이 표현은 복싱뿐만 아니라 여러 가지 상황에서 널리 쓰이게 되었습니다.

I'm ready to **throw in the towel** with this project.
나는 이 프로젝트를 포기할 준비가 되어 있다.

If you expect me to **throw in the towel** you are sadly mistaken.
내가 포기하기를 기대한다면 너는 굉장히 실수하는 것이다.

6. To beat someone to the punch
to do something before someone else

어떤 권투 선수도 상대방에게 맞기를 원하지 않을 겁니다. 권투는 상대방을 때려 눕히는 것만이 경기에서 이기는 유일한 방법이므로 선수들은 주먹을 먼저 휘둘러야 합니다. 그래서 beat someone to the punch는 상대방이 치기 전에 먼저 때리는 것을 나타낼 때 쓰는 표현입니다.

I planned to buy that painting, but someone **beat me to the punch**.
나는 저 그림을 사려고 계획했지만 누군가가 선수를 쳤다.

I **beat Phil to the punch** and ate the last piece of pizza.
나는 필보다 먼저 선수를 쳐서 마지막 남은 피자 한 조각을 먹었다.

Chapter 10. *Boxed Into a Corner*

7. To hit (someone) below the belt
to do something that is unfair or harsh

19세기에 만들어진 권투 규칙에 따르면 선수들은 상대방의 허리 윗부분만 가격하게 되어 있습니다. 다시 말하면 벨트 아래는(below the belt) 때리지 못하게 되어 있는 것이죠. 만약 벨트 아래를 가격하면 low blow 즉 반칙이 되는 것입니다. [low blow 참조]

 If you keep **hitting below the belt** like that I'll leave the meeting.
당신이 계속 그렇게 반칙을 한다면 나는 회의를 하지 않을 것입니다.

You were **hitting below the belt** when you started that rumor about me.
네가 나에 대한 루머를 퍼뜨린 것은 비열한 행동이었다.

8. To be down for the count
to be incapacitated, exhausted, finished or defeated

down for the count는 권투에서 심판이 열을 셀 때까지 일어나지 못하는 선수를 나타낼 때 쓰는 말입니다. 1920년대에는 탐구열이 없거나 완전히 패배한 사람을 가리킬 때 이 말을 쓰기도 했습니다.

 I caught the flu and was **down for the count** for a week.
나는 독감에 걸려 일주일 동안 꼼짝도 하지 못했다.

Our company is not **down for the count** yet. We think we can survive the crisis.
우리 회사는 아직 끝난 것이 아니다. 우리는 이 위기에서 살아남을 수 있다.

9. To roll with the punches
to persevere; not give up

권투 선수들은 상대 선수의 주먹을 피하거나 충격을 완화시키기 위해 여러 가지 기술을 사용합니다. 원래 rolling with the punches는 권투 선수들의 기민한 방어 움직임을 나타내는 표현이었지만 1900년대 후반에는 도전이나 위협에 유연한 태도로 대처한다는 의미를 나타내게 되었습니다.

 Life can be difficult, but you've got to **roll with the punches**.
삶은 고달프지만 유연하게 대처해 나가야 한다.

You've got to **roll with the punches** when you experience hard times.
어려운 시기를 겪을 때 너는 유연하게 대처해야 한다.

10. Knockout
beautiful woman

knockout은 패배한 선수의 의식 없는 상태를 나타내는 권투 용어입니다. 그러나 이 표현은 아름다운 여자를 본 남자의 정신 없는 상태와 비유되어 아름다운 여자를 나타내는 속어로 쓰이기도 합니다.

 Wow! That Shannon is a **knockout**!
와! 섀넌은 정말 매력적인 여자야!

My last girlfriend was a **knockout**, but she wasn't intelligent or kind.
내 전 여자 친구는 매력적이기는 했지만 지적이거나 친절하지 않았다.

Chapter 10. *Boxed Into a Corner*

Practice

이디엄이 올바르게 쓰였다면 T, 그렇지 않다면 F에 동그라미를 치세요.

❶ Don't throw in the towel yet! You can still win.

　T/F

❷ After he drank his tenth shot of whiskey, Mark was down for the count.

　T/F

❸ I didn't pull any punches when I helped the old woman across the street.

　T/F

❹ Can you breathe harder? That's a low blow.

　T/F

❺ Marriage can be challenging, but you've got to roll with the punches.

　T/F

❻ I boxed myself into a corner by marrying so young.

　T/F

❼ I don't think Cindy is a knockout. She's average at best.

　T/F

❽ Heather beat Fred to the punch, but Fred wasn't thirsty anyway.

　T/F

❾ My car is on the ropes. I am really glad I purchased it.

　T/F

❿ You hit me below the belt by attacking my religion.

　T/F

▶ 정답과 해석은 126page에

123

Review

이탤릭 글자로 쓰여진 뜻의 이디엄을 골라 봅시다.

1. I was about to thank my mom for dinner, but Pat *did it before me*.

    a. beat me to the punch
    b. was on the ropes
    c. hit me below the belt

2. As soon as Watergate became public, Nixon's presidency was *in trouble*.

    a. a low blow
    b. down for the count
    c. on the ropes

3. A rock hit my head and I *couldn't get up*.

    a. didn't pull any punches
    b. was down for the count
    c. boxed myself into a corner

4. The scientist couldn't find a cure, so he *gave up*.

    a. rolled with the punches
    b. threw in the towel
    c. made a low blow

5. My girlfriend *is very direct* when she criticizes me.

    a. doesn't pull any punches
    b. boxes me into a corner
    c. is down for the count

Chapter 10. *Boxed Into a Corner*

6. I'm a "freak"? That's *unfair*, Diane.

    a. throwing in the towel
    b. a low blow
    c. on the ropes

7. That model wearing the bikini is *a beautiful woman*.

    a. pulling punches
    b. down for the count
    c. a knockout

8. During a debate you should not *make unfair personal criticisms*.

    a. hit below the belt
    b. throw in the towel
    c. go on the ropes

9. My first business failed, but I *persevered* and started another one.

    a. rolled with the punches
    b. was a knockout
    c. boxed myself into a corner

10. If you start something without a plan you will *put yourself into a difficult situation*.

    a. be down for the count
    b. not pull any punches
    c. box yourself into a corner

▶정답과 해석은 126page에

정답과 해석

Practice
1. T. 항복하는 것은 아직 이르다! 너는 여전히 이길 수 있다.
2. T. 마크는 위스키 10잔을 마신 후 녹초가 되었다.
3. F. 나는 길을 건너는 나이 든 여자를 도와줄 때 사정을 봐 주지 않았다.
4. F. 좀 더 힘껏 숨을 쉴 수 있나요? 그건 비열한 짓입니다.
5. T. 결혼은 도전이라고 할 수 있지만 유연하게 대처해야 한다.
6. T. 나는 어린 나이에 결혼을 해서 어려움에 처했다.
7. T. 나는 신디가 매력적이라고 생각하지 않는다. 그녀는 기껏해야 보통 정도이다.
8. F. 헤더는 프레드에게 기선을 잡았지만 어쨌든 프레드는 목이 마르지 않았다.
9. F. 내 자동차는 상태가 좋지 않다. 나는 그것을 사서 아주 기쁘다.
10. T. 네가 나의 종교를 비난한 것은 옳지 않은 것이었다.

Review
1. (a) 나는 저녁 식사에 대해 엄마에게 감사의 말을 하려고 했지만 패트가 선수를 쳤다.
2. (c) 워터게이트가 사람들에게 알려지자마자 닉슨 대통령은 곤경에 빠졌다.
3. (b) 나는 머리에 바위를 맞아 일어날 수 없었다.
4. (b) 그 과학자는 치료법을 찾지 못해 포기했다.
5. (a) 내 여자 친구는 나를 비난할 때 아주 직설적이다.
6. (b) 내가 괴물이라고? 그거 심한 말인데, 다이앤.
7. (c) 저 비키니 수영복을 입은 모델은 아름답다.
8. (a) 토의하는 동안 너는 부당한 인신 공격을 해서는 안 된다.
9. (a) 내 첫번째 사업은 실패했지만 나는 이겨내어 다른 일을 시작했다.
10. (c) 계획 없이 어떤 일을 시작한다면 너는 어려움에 처할 것이다.

Chapter 11

Out of the Woods (위험을 면하여)
Theme : Nature and wilderness(주제 : 자연과 황야)

Warm Up

1. Do you prefer living in the city or the country? Why?
2. What is a good age to start a family?
3. Where is the best place in Korea to raise a family?

1. 당신은 도시에서 사는 것이 좋은가요, 시골에서 사는 것이 좋은가요? 이유는 무엇인가요?
2. 가정은 몇 살 때 갖는 것이 좋을까요?
3. 한국에서 가족을 부양하기에 좋은 곳은 어디인가요?

Reading

다음은 어느 한 젊은이가 한 가정을 이루는 이야기입니다.

For many years Adam was kind of a wanderer, never staying in one place long enough to **put down roots**. Like many young men, he only seemed to care about **sowing his wild oats**. He was kind of naive and unfocused, **not able to see the forest for the trees** when given a simple problem. I guess you could say he was a **babe in the woods**.

One day, however, Adam decided move to a small village **out in the sticks**. His parents worried about him because he had no money, no job and no girlfriend. Adam finally managed to find a job, but his parents said, "You're not **out of the woods** yet. Your job doesn't pay well and you have no girlfriend." A few months later, however, Adam found a better job and met a nice girl. Without **beating around the bush**, he proposed to his girlfriend and promised to stay with her **through thick and thin**. She accepted and they were married. Adam was one **happy camper**, especially after his wife had twins. Nowadays, Adam's parents enjoy going out to his **neck of the woods** to visit.

happy camper

Chapter 11. *Out of the Woods*

> **해석**

　여러 해 동안 아담은 전국 각지를 돌아다니며, 한 곳에 결코 뿌리를 내릴 만큼 오래 머무르지 않았다. 많은 젊은이들처럼 그는 단지 젊은 혈기만 가지고 날뛰는 것처럼 보였다. 그는 단순하고 산만해서 어떤 간단한 문제가 닥쳐도 나무만 보고 숲은 보지 못했다. 여러분이 그를 본다면 순진해서 잘 속는 사람이라고 말했을 것이다.

　그러나 어느 날 아담은 이 두메 산골의 작은 마을을 떠나기로 결심했다. 그의 부모님은 그가 돈도, 직업도, 여자 친구도 없었기 때문에 걱정을 했다. 아담은 마침내 가까스로 직업을 얻었지만 그의 부모님은 "너는 아직 집을 떠날 때가 아니다. 너는 돈도 많이 벌지 못하고 또 함께할 여자 친구도 없잖아."라고 말했다. 그러나 몇 달 후에 아담은 더 나은 직업을 얻고 예쁜 여자 친구도 만났다. 그는 둘러대어 말하지 않고 바로 여자 친구에게 프로포즈를 했고 기쁠 때나 슬플 때나 그녀 곁에 있겠다고 약속했다. 그녀는 승낙했고 그들은 결혼했다. 아담은 그의 아내가 쌍둥이를 낳자 더욱 행복해 했다. 요즘은 아담의 부모님이 다른 지방으로 나가는 것을 즐긴다.

Vocabulary

1. to put down roots	뿌리를 내리다, 자리를 잡다
2. to sow one's wild oats	젊은 혈기로 난봉을 부리다
3. to not see the forest for the trees	작은 일에 구애되어 대국을 못 보다
4. babe in the woods	순진해서 속기 쉬운 사람
5. out in the sticks	두메 산골에서
6. out of the woods	숲속에서 나와, 위험을 면하여
7. to beat around the bush	슬며시 염탐하다, 에둘러 말하다
8. through thick and thin	만난을 무릅쓰고
9. happy camper	만족하는 사람
10. neck of the woods	지역, 지방

Origins & Examples

1. To put down roots
to become a long-term resident somewhere

뿌리는 식물의 가장 밑에 있는 부분입니다. 식물들이 한 곳에 머물러 뿌리를 내리듯이 사람들도 한 곳에서 가족을 갖고 사회적인 관계도 발전시킵니다. 이런 의미에서 put down roots 사회의 소속감을 가지고 자리를 잡는다는 의미로 쓰입니다.

Ex. My grandparents **put down roots** in the US in the 1940s.
내 조부모님은 1940년대에 미국에서 자리를 잡으셨다.

My parents want me to settle down, but I'm not ready to **put down roots** yet.
내 부모님은 내가 자리를 잡기 바라지만 나는 아직 그럴 준비가 되어 있지 않다.

2. To sow one's wild oats
to behave foolishly or promiscuously

sowing은 씨 뿌리는 것을 뜻하는 말입니다. 농부들은 야생 귀리의 씨는 뿌리지 않는데 왜냐하면 이 종은 재배 귀리 품종보다 열등하기 때문입니다. 여기서 씨 뿌리는 것(sowing)과 야생 귀리(wild oats)는 미숙하고 부주의한 성적 행동을 풍자하는 말입니다.

Ex. Get married? Are you crazy? I still need to **sow my wild oats**.
결혼하라고? 미쳤니? 나는 아직 주색잡기를 즐기고 싶어.

My grandfather married when he was twenty. He had no time to **sow his wild oats**.
내 할아버지는 20살 때 결혼해서 주색잡기에 빠질 시간이 없었다.

Chapter 11. *Out of the Woods*

3. To not see the forest for the trees
to be unable to see the main point

not see the forest for the trees는 1546년에 존 헤이우드의 '영어 속담'에 나와 있습니다. 이 표현에서 forest는 어떤 상황에서 진실이나 실제 의미를 나타내고 trees는 세부적인 사항을 의미합니다. 너무 지나치게 나무에만 초점을 맞추는 사람은 숲을 보지 못하게 됩니다. 그러므로 나무만 보고 숲을 보지 못하는 사람은 너무 사소한 것에 집중해서 어떤 것의 중요한 점을 보지 못하는 사람이 됩니다.

I know you believe what you are saying, but you don't **see the forest for the trees**.
나는 네가 너 자신이 하고 있는 말을 믿는다는 것을 알지만 너는 나무만 보고 숲은 보지 못하는 것이다.

I am so involved in this project I can't **see the forest for the trees** any more.
나는 이 프로젝트에 너무 깊이 관련되어서 더 이상 중요한 사항을 볼 수가 없다.

4. Babe in the woods
naive or innocent person

이 표현은 16세기 후반에 The Children in the Wood.(숲 속의 아이들)라고 불리는 이야기에서 유래되었습니다. 이 이야기의 내용을 보면 한 남자가 죽으면서 그의 재산을 그의 두 아이에게 남겼는데 그 남자의 유언에는 만약 아이들이 죽으면 그들의 삼촌이 그 재산을 소유하도록 명시되어 있었습니다. 이 구절 때문에 삼촌은 아이들을 살해하려고 킬러를 고용했습니다. 킬러 중의 한 명은 어린아이들을 살해하는 것에 가책을 느껴서 그의 동료를 죽이고 두 아이들을 그냥 숲 속에 남겨 두었습니다. 그러나 아이들은 스스로 살아가기에는 너무 어렸기 때문에 죽고 말았습니다. 또한 그 삼촌도 죄의 대가를 받았습니다.

Ed is **a babe in the woods** when it comes to women.
에드는 여자에 관해서는 아무것도 모르는 순진한 사람이다.

You're joining the army? But you're just **a babe in the woods**!
네가 군대에 입대한다고? 하지만 너는 아직 세상물정도 모르는 아이잖아!

5. Out in the sticks
in a small town or remote region

stick는 나뭇가지를 말합니다. 사람이 거의 살지 않는 외딴 곳에는 나무와 무심히 떨어져 있는 나뭇가지만 널려 있습니다. 그러므로 out in the sticks는 외지고 사람이 거의 살지 않는 곳을 나타낼 때 쓰이는 표현입니다.

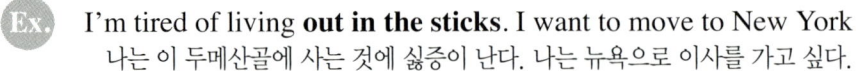

I'm tired of living **out in the sticks**. I want to move to New York.
나는 이 두메산골에 사는 것에 싫증이 난다. 나는 뉴욕으로 이사를 가고 싶다.

When I was in the military I was stationed **out in the sticks**.
나는 군에 있을 때 외진 곳에서 복무를 했다.

6. Out of the woods
free of a problematic situation

로마 시대에서 유래된 이 표현은 1792년에 영어로 처음 기록되었습니다. 숲은 한때 산적이나 맹수, 그리고 다른 여러 위험 때문에 다니기에 안전한 장소는 아니었습니다. 그러므로 여행자들은 숲을 빠져나오면 커다란 안도의 한숨을 지었습니다. 짧게 말하면 숲에서 나와 (out of the woods) 기쁘다는 뜻이었습니다.

We captured six enemy soldiers, but we weren't **out of the woods** yet.
우리는 6명의 적군을 생포했지만 아직 안전한 지대로 온 것은 아니다.

After paying my mortgage, I was finally **out of the woods** financially.
나는 대부금을 갚은 후에 마침내 재정적으로 안전한 상태가 되었다.

7. To beat around the bush
to speak indirectly about something

옛날에 귀족들은 사냥을 나갈 때 나무를 흔들어서 동물들이 놀라 나오게 하는 일을 하는 몰이꾼을 데리고 다녔습니다. 여기에서 나온 말이 잘 알려진 beating around the bush입니다. 16세기부터 사용된 이 말은 어떤 것을 말할 때 돌려 말하는 것을 의미하는 말이 되었습니다.

 If you want money, just say so. Don't **beat around the bush**.
돈을 원한다면 그렇다고 말해라. 빙빙 돌려 말하지 말고.

Be direct and stop **beating around the bush**.
빙빙 돌려 말하지 말고 직접 이야기해라.

8. Through thick and thin
through both difficult and good times

숲은 보통 나무가 울창하고 인적이 드뭅니다. 중세 유럽에서는 도로가 부족하기 때문에 사람들은 종종 숲을 지나 먼 길을 다녀야 했습니다. 꼭 숲을 지나야 목적지에 도착하는 사람은 숲이 울창하거나(thick) 울창하지 않거나(thin) 그 곳을 지나야 합니다. 그래서 이 표현은 환경에 상관없이 어떤 사람이나 사물을 지지한다는 뜻으로 쓰이고 있습니다.

 I promise to love you **through thick and thin**.
나는 기쁠 때나 슬플 때나 당신을 사랑하겠다고 맹세합니다.

Through thick and thin, my dog is always my best friend.
기쁠 때나 슬플 때나 내 개는 항상 나의 좋은 친구이다.

9. Happy camper
a content person

캠핑을 가면 집에서 누렸던 편안함과 쾌적함을 잊어야 합니다. 그래서 처음에 야외에서 지내는 것에 마음을 빼앗겨 버린 많은 사람들은 금방 열정이 식어버립니다. 이와 같은 캠퍼들은 자신들이 불편해 한다는 것을 나타내기 싫어하지만 사람들은 그들의 마음을 알아차립니다. 이런 사람들을 happy camper라고 말할 수는 없을 겁니다. 1950년대 이래로 이 말은 환상을 쫓는 사람을 가리키는 부정적인 말로 쓰이지만 또한 최고의 행복을 나타내는 긍정적인 말로도 쓰이고 있습니다.

Debbie's boyfriend just broke up with her. She is not a **happy camper**.
데비는 남자 친구와 방금 헤어졌다. 그녀는 즐거운 기분이 아니다.

Why are you such a **happy camper** today?
너 오늘 왜 그렇게 즐거워하니?

10. Neck of the woods
area in which a person lives

이 표현에서 neck은 원래 땅의 좁은 곳을 의미합니다. 그러므로 neck of the woods는 숲 속에 정착한다는 뜻을 나타내게 되었습니다. 최근에는 이 말이 어떤 특정한 사람들이 사는 지역이나 지방을 나타낼 때 쓰이기도 합니다.

What are you doing in this **neck of the woods**, Joe?
이 마을에서 뭐하고 있는 거야, 조?

I'll be up in your **neck of the woods** this weekend.
나는 이번 주말에 네가 사는 곳으로 가겠다.

Chapter 11. *Out of the Woods*

Practice

바른 문장이 되도록 괄호 안에 알맞은 단어를 써 넣으세요.

❶ You can't get married. You're just a (   ) in the woods.

❷ My uncle is a farmer living out in the (   ).

❸ She said she would stay with me through (   ) and thin.

❹ Did you break this or not? Stop beating (   ) the bush!

❺ You must be a happy (   ). I heard you were promoted at work.

❻ Hal sowed his (   ) oats when he was a university student.

❼ The economy is not out of the (   ) yet.

❽ Fiona and I are from the same (   ) of the woods.

❾ Leanne was pretty, but she could not see the forest for the (   ).

❿ My great-grandfather put (   ) roots in North Dakota.

▶ 정답과 해석은 138page에

135

Review

이탤릭 글자로 쓰여진 뜻의 이디엄을 골라 봅시다.

1. I don't like Dave. He *is too evasive*.

    a. is a happy camper
    b. beats around the bush
    c. is a babe in the woods

2. We thought we were *no longer in danger*, but we were wrong.

    a. out in the sticks
    b. out of the woods
    c. through thick and thin

3. I love life *in a small town*.

    a. out in the sticks
    b. out of the woods
    c. in this neck of the woods

4. You look *satisfied and content*. What's going on?

    a. like a babe in the woods
    b. like a happy camper
    c. like you are sowing your wild oats

5. Through *difficult times* Beatrice supported her husband.

    a. sowing her wild oats
    b. beating around the bush
    c. thick and thin

Chapter 11. *Out of the Woods*

6. The officer looked *young and inexperienced*, but he was a veteran in his late thirties.

    a. like he was putting down roots
    b. like he couldn't see the forest for the trees
    c. like a babe in the woods

7. Whenever I try to read a complicated book I cannot *grasp the main points clearly*.

    a. put down roots
    b. beat around the bush
    c. see the forest for the trees

8. In the 1960s hippies *were promiscuous*.

    a. sowed their wild oats
    b. lived out in the sticks
    c. were happy campers

9. I am a wanderer. I don't think I'll ever *stay in one place and start a family*.

    a. be out of the woods
    b. put down roots
    c. neck of the woods

10. I drop by this *locality* about once a week.

    a. thick and thin
    b. neck of the woods
    c. forest for the trees

▶정답과 해석은 138page에

정답과 해석

Practice
1. babe
   너는 아직 결혼해서는 안 된다. 너는 아직 세상물정을 모른다.
2. sticks
   내 삼촌은 시골에서 농사를 짓고 산다.
3. thick
   그녀는 기쁠 때나 슬플 때나 나와 함께 있겠다고 말했다.
4. around
   이것을 알릴 거니, 말 거니? 빙빙 돌리지 말고 이야기해 봐!
5. camper
   당신은 행복한 사람입니다. 당신이 회사에서 승진했다고 들었어요.
6. wild
   할은 대학에 다닐 때 젊은 혈기로 난봉을 부렸다.
7. woods
   경제는 아직 안전한 상태가 아니다.
8. neck
   피오나와 나는 같은 지역 출신이다.
9. trees
   린은 아름답지만 작은 일에만 연연한다.
10. down
    내 증조부는 노스 다코다에 자리를 잡았다.

Review
1. (b) 나는 데이브가 싫다. 그는 너무 빙빙 둘러 말한다.
2. (b) 우리는 더 이상 위험하지 않다고 생각했지만 우리 생각이 틀렸다.
3. (a) 나는 작은 마을에서 사는 것이 좋다.
4. (b) 너는 행복해 보인다. 무슨 일이 있니?
5. (c) 어려운 때에도 비트리스는 그녀의 남편을 지지했다.
6. (c) 그 장교는 어리고 경험이 없어 보이지만 나이가 30대 후반인 베테랑이다.
7. (c) 나는 복잡한 책을 읽을 때마다 중요한 요점을 명확하게 파악하지 못한다.
8. (a) 1960년대 히피족들은 성생활이 문란했다.
9. (b) 나는 방랑자이다. 나는 내가 한 곳에 머물러 가정을 이룰 것이라고는 생각지 않는다.
10. (b) 나는 일주일에 한 번 이 지역에 들른다.

Chapter 12

Happy Trails! (즐거운 여행을 해라!)
Theme : The frontier (주제 : 미 개척 시대의 서부 변경)

Warm Up

1. Do you ever feel like moving to a new city or country?
2. What do you think of your hometown?
3. What are the qualities of a good friend?

    1. 신도시나 시골로 이사 가고 싶은 느낌을 가진 적이 있습니까?
    2. 당신의 고향에 대해 어떻게 생각합니까?
    3. 좋은 친구의 자질은 무엇인가요?

Reading

다음은 새로운 삶을 시작하려고 계획하는 사람에 대한 이야기입니다.

Alice : I heard that you're planning to **pull up stakes**. Is that true?

James : Yeah, I really want to get out of this **one horse town**. I'm tired of the people here. There's no one to talk to.

Alice : What about Gord? I thought you and he were good friends.

James : Not really. He's still mad at me for dating Sally.

Alice : Oh, that's too bad. So what about Glen, then? You guys are friends, aren't you?

James : Our friendship has also **bitten the dust**. He's such an **Indian giver**. He gave me a couple of CDs and then he asked for them back. That's not a real friend.

Alice : Are you sure that leaving town will solve your problems? Why don't you just **bury the hatchet** with Gord and Glen?

James : Actually, I'm not leaving because of them. I'm thinking about my future. I'm never going to **strike it rich** by living here. I'll never **blaze a trail** in any field if I don't move on.

Alice : Sounds like you're **in a rut**. Maybe it is time for you to do something new. Well, **happy trails** and good luck, then! I really hope things **pan out** for you.

James : Thanks, Alice.

Chapter 12. *Happy Trails*

해석

앨리스 : 나는 네가 이사를 간다고 들었는데 그게 사실이니?

제임스 : 맞아. 나는 정말 이 따분한 마을에서 벗어나고 싶어. 나는 여기 사람들이 이제는 싫증이 나. 이야기할 사람이 없어.

앨리스 : 고드는 어때? 나는 너와 고드가 좋은 친구라고 생각했는데.

제임스 : 실제로는 그렇지 않아. 그는 여전히 내가 샐리와 데이트한 것에 화가 나 있어.

앨리스 : 저런, 안됐구나. 그러면 글렌은 어때? 너희들은 친구잖아, 안 그래?

제임스 : 우리의 우정은 벌써 깨졌어. 그는 항상 뭘 줬다가 다시 달래는 애야. 그는 나에게 cd 몇 장을 주고선 다시 되돌려 달라고 했지. 그는 진정한 친구가 아니야.

앨리스 : 너는 마을을 떠나는 것이 문제를 해결하는 것이라고 생각하니? 고드와 글렌과 화해하는 게 어때?

제임스 : 정말 나는 그들 때문에 마을을 떠나는 것이 아니야. 내 미래를 생각해서야. 내가 여기에서 계속 있는다면 성공하지 못할 거야. 내가 여기에서 떠나지 않는다면 나는 결코 어떤 분야든 새로운 일을 할 수 없을 거야.

앨리스 : 너는 매일 똑같은 생활에 싫증이 났구나. 이제는 네가 뭔가 새로운 일을 할 때가 된 것 같다. 그럼 여행 잘하고 행운을 빈다! 그리고 정말 모든 것이 잘 되기를 바랄게.

제임스 : 고맙다, 앨리스.

Vocabulary

1. to pull up stakes	가버리다, 직장을 옮기다
2. one horse town	사람이 적은 따분한 마을
3. to bite the dust	죽다, 실패하다
4. Indian giver	보답을 바라고 서비스하는 사람
5. to bury the hatchet	화해하다, 용서하다
6. to strike it rich	뜻밖의 횡재를 하다
7. to blaze a trail	개척하다, 창시하다
8. in a rut	틀에 박힌
9. Happy trails!	즐거운 여행을 해라!
10. to pan out	잘 되다

Origins & Examples

1. To pull up stakes
to move away and start a new life

19세기에 미국의 농부들은 땅의 경계를 나무 말뚝으로 표시했습니다. 그래서 미국 개척 시대에 사람들이 보다 큰 기회를 찾기 위해 서부로 떠날 때 그들은 살고 있던 거주지를 포기하고 집 주변에 있는 말뚝을 모두 뽑아 버렸습니다.(pull up stakes) 그러므로 말뚝을 뽑는 것은 새로운 장소에 가서 새 삶을 시작하는 것을 의미하는 말이 되었습니다.

Ex. Mike couldn't find a job, so he **pulled up stakes** and moved overseas.
마이크는 직업을 구할 수가 없어서 짐을 싸고 해외로 나갔다.

My company wants to transfer me, but I am not willing to **pull up stakes**.
내 회사는 내가 전근 가기를 원하지만 나는 옮기기 싫다.

2. One horse town
a boring town with few people

1857년에 처음으로 쓰인 이 말은 미국 개척 시대의 서부에서 유래되었습니다. 많은 서부 변경 지역은 여러 날을 여행해야 마을을 찾을 수 있었습니다. 마을이라고 해봐야 단지 술집, 은행, 보안관 사무실밖에 없었고 말 한 마리라도 보게 되면 다행이었습니다. 그러므로 one horse town은 사람들이 거의 없는 하찮은 장소를 의미하는 말이 되었습니다.

Ex. We drove through many **one horse towns** on our way to New York.
우리는 뉴욕으로 운전하며 가면서 많은 작은 마을을 지났다.

You won't become famous if you live in a **one horse town**.
네가 만약 별 볼일 없는 마을에 살았다면 유명해지지 않았을 것이다.

Chapter 12. *Happy Trails*

3. To bite the dust
to die; end abruptly; stop working; be completely defeated

대부분의 미국인들은 이 표현을 서부 개척 시대와 연결시킵니다. 이 표현은 19세기 서부 변경 지역에서 대중화되었고 서부 영화에서도 이 말이 종종 쓰였습니다. 그러나 이 표현은 2000년 전에 쓰여진 호모의 일리아드의 한 줄을 거의 문자 그대로 번역한 것입니다. 일리아드에서 트로이 병사가 얼굴을 모래 속에 묻은 채 죽어 있는 것을 bite the dust라고 표현했습니다.

Shot through the heart, the cowboy **bit the dust**.
가슴에 총을 맞아 그 카우보이는 죽었다.

My favorite team **bit the dust** before reaching the finals.
내가 좋아하는 팀이 결승에 가기 전에 패배했다.

4. Indian giver
a person whose generosity is not sincere

아메리카 대륙을 정복한 유럽인들은 종종 인디언들은 신뢰하지 않았습니다. Indian giver 라는 말은 선물을 주는 문화적 관점의 차이에서 비롯된 말입니다. 인디언들은 선물을 줄 때 그 답례로 호의나 선물을 기대했습니다. 그러나 유럽인들은 그러한 태도를 좋게 생각하지 않았습니다. 오늘날에도 Indian giver는 선물을 도로 돌려주기를 요청하거나 선물에 대한 답례로 뭘 기대하는 것을 나타내지만 인종차별주의적인 기원 때문에 논쟁이 많은 말입니다.

You want the necklace back? Don't be such an **Indian giver**!
그 목걸이를 돌려달라고? 치사한 인디언 기버가 되지 말아라!

I hate to be an **Indian giver**, but could I have that book that I gave you?
나는 인디언 기버가 되고 싶진 않지만 내가 너에게 준 책을 돌려받을 수 있을까?

5. To bury the hatchet
to forgive someone

미국 인디언들은 작은 도끼를 평상시에는 연장으로 쓰고 전시에는 무기로 사용했습니다. 도끼의 날카로운 면은 나무를 찍거나 적을 살해하는 데 효과적이었습니다. 인디언 부족들은 서로 싸우다가 전쟁을 끝낼 때에는 평화 담배(미국 인디언이 화친의 표시로 돌려 피우는 담배)를 피우고 그들의 도끼를 땅에 묻었습니다.(bury the hatchet) 여기에서 유래되어 이 표현은 적을 용서하고 논쟁을 끝낼 때 쓰는 말이 되었습니다.

I've finally **buried the hatchet** with my ex-wife. We're friends once again.
나는 마침내 전처와 화해했다. 우리는 다시 친구가 되었다.

You should **bury the hatchet** with your father. It's not right to be mad at him.
너는 아버지와 화해해야 한다. 아버지에게 화를 내는 것은 옳은 행동이 아니다.

6. To strike it rich
to be successful or make a lot of money

이 표현은 수십 만명의 투기꾼들이 돈을 벌겠다는 희망으로 캘리포니아로 내려간 1849년 골드러쉬 때 유래된 표현입니다. 사람들은 금을 찾기 위해서는 곡괭이로 바위를 부숴야 (strike rocks) 했습니다. 만약 운이 좋다면 부숴진 바위 밑에 금을 발견할 수도 있었습니다. 여기에서 유래되어 뜻밖의 횡재를 나타낼 때 이 표현을 씁니다.

After inventing the PC, Bill Gates **struck it rich**.
PC를 발명한 후 빌 게이츠는 엄청난 부자가 되었다.

You've found a cure for the common cold? You're going to **strike it rich**!
네가 일반적인 감기 치료법을 발견했다고? 너는 엄청난 부자가 되겠구나!

Chapter 12. *Happy Trails*

7. To blaze a trail
to pioneer something or start something new

이 표현은 나무에 하얗게 표시를 하는 행동을 말합니다. blaze는 나무를 벨 때 생긴 V자 모양의 벤 자리를 나타내는 표현입니다. 그러나 1800년대 후반부터 어떤 분야를 개척하는 사람을 나타낼 때 blaze a trail이라는 표현을 씁니다.

Ex. The Wright brothers **blazed a trail** in aviation history.
라이트 형제는 항공 역사 분야를 개척했다.

The scientist hoped to **blaze a trail** in genetic research.
그 과학자는 유전자 연구 분야를 개척하기를 희망했다.

8. In a rut
stagnating or not moving forward in life

옛날 미국의 서부 시대에 마차들은 진흙 구덩이를 지날 때 바퀴 자국을 남깁니다. 이러한 바퀴 자국들은 ruts라고 불렸습니다. 사람들은 희망을 찾아 서부로 이주를 할 때 보다 편하게 가기 위해 바퀴 자국을 똑같이 따라 갔습니다. 육로로 여행하는 것은 도착지까지 몇 달이 걸렸고 생활도 굉장히 단조로웠습니다. 그러므로 in a rut은 평범하고 따분한 것을 나타낼 때 쓰입니다.

Ex. If you are **in a rut**, changing jobs might help you.
생활이 따분하고 지루하다면 직업을 바꾸는 것도 도움이 될 것이다.

Steve has no job and no future. He is **in a major rut**.
스티브는 직업도 없고 미래도 없다. 그의 삶은 아주 단조롭다.

9. Happy trails
Have a good trip!

Happy Trails to You는 1950년대에 유명한 카우보이 쇼인 The Roy Rogers Show의 끝에 나오는 테마송이었습니다. Roy Rogers와 그의 아내 Dale Evans는 그 쇼에서 주연을 맡았는데 그들은 전통적인 미국의 가치와 개척 정신을 잘 나타내 사람들로부터 칭송을 받았습니다. Happy trails는 1800년대에 서부로 떠나는 사람들에게 작별 인사로 쓰인 데에서 유래되었지만 그 1950년대 노래는 이 표현을 더욱 현대에 대중화시켰습니다.

Good luck with your job in Paris, Gene. **Happy trails**!
파리에서 너의 일이 잘 되기를 바란다, 진. 여행 잘해!

Happy trails to you, folks! Until we meet again!
좋은 여행이 되세요, 여러분! 그럼 다시 만날 때까지!

10. To pan out
to turn out fine

이 표현도 1849년 골드러쉬 때 유래된 표현입니다. 광산에서 금을 캐기 위해 곡괭이를 사용한 것 외에 사람들은 강물에서 귀중한 금석을 찾으려고 납작한 냄비(pan)를 사용했습니다. 만약 어떤 사람이 금을 발견한다면 그는 냄비를 잘 사용해서 좋은 결과를 얻은 것이라 할 수 있습니다. 그래서 pan out은 '잘 되다' 라는 의미로 쓰입니다.

I tried to enter Harvard University, but things did not **pan out** for me.
나는 하버드 대학교에 들어갈려고 했지만 결과는 좋지 않았다.

I hope our wedding plans **pan out** all right.
나는 우리의 결혼 계획이 잘 되기를 바란다.

Chapter 12. *Happy Trails*

Practice

다음 문장 속에 있는 이디엄은 잘못 쓰여진 것입니다. 바르게 고쳐 봅시다.

❶ Einstein blasted a trail for other scientists to follow.

   Answer :

❷ These days I am with a rut. I really need a change.

   Answer :

❸ The Tigers hit the dust in the bottom of the ninth inning.

   Answer :

❹ What are you, an Indian sitter? You said it was a gift.

   Answer :

❺ Every young actor hopes to make it rich in Hollywood.

   Answer :

❻ Things didn't plan out for me in New York, so I moved to Chicago.

   Answer :

❼ Let's say we berry the hatchet and forget our differences.

   Answer :

❽ You won't find a good job in this one goose town.

   Answer :

❾ I might pull in stakes in a few years and move to a new city.

   Answer :

❿ Going already? Well, happy tails!

   Answer :

▶정답과 해석은 150page에

Review

이탤릭 글자로 쓰여진 뜻의 이디엄을 골라 봅시다.

1. My pet snake *died* last week.

    a. bit the dust
    b. pulled up stakes
    c. panned out

2. I heard you might be *moving away*.

    a. pulling up stakes
    b. burying the hatchet
    c. happy trails

3. I think it's time you *resolved your differences* with your father.

    a. struck it rich
    b. blazed a trail
    c. buried the hatchet

4. Although Dan gave you that CD as a gift, he *will probably ask for you to give it back*.

    a. is in a rut
    b. struck it rich
    c. is an Indian giver.

5. You may find this town pleasant, but I think it's *boring and isolated*.

    a. happy trails
    b. an Indian giver
    c. a one horse town

Chapter 12. *Happy Trails*

6. *Have a nice trip!*

    a. Happy trails!
    b. Blaze a trail!
    c. Bite the dust!

7. If you *find your life boring and unchanging*, you should take up a hobby.

    a. pan out
    b. strike it rich
    c. are in a rut

8. One day I'm going to *be a great success*!

    a. pull up stakes
    b. strike it rich
    c. bury the hatchet

9. After you graduate from medical school life should *go well* for you.

    a. one horse town
    b. pan out
    c. Indian giver

10. Martin Luther King, Jr. *played a major role in shaping* the civil rights movement.

    a. struck it rich for
    b. blazed a trail for
    c. buried the hatchet for

▶정답과 해석은 150page에

정답과 해석

Practice

1. Einstein **blazed a trail** for other scientists to follow.
   아인슈타인은 후배 과학자들을에게 선구자 역할을 했다.
2. These days I am **in a rut**. I really need a change.
   요즘 나의 생활은 너무 단조롭다. 나는 정말 변화가 필요하다.
3. The Tigers **bit the dust** in the bottom of the ninth inning.
   타이거즈는 9회말에 패배했다.
4. What are you, an **Indian giver**? You said it was a gift.
   너는 어떤 사람이냐, 인디언 기버냐? 너 그거 선물이라고 했잖아.
5. Every young actor hopes to **strike it rich** in Hollywood.
   모든 젊은 배우들은 할리우드에서 큰돈 벌기를 바란다.
6. Things didn't **pan out** for me in New York, so I moved to Chicago.
   나는 뉴욕에서 일들이 뜻대로 되지 않아 시카고로 이사했다.
7. Let's say we **bury the hatchet** and forget our differences.
   우리는 화해하고 서로의 차이점을 잊어버리자.
8. You won't find a good job in this **one horse town**.
   너는 이 따분한 마을에서는 좋은 직업을 찾지 못할 것이다.
9. I might **pull up stakes** in a few years and move to a new city.
   나는 몇 년 후에는 새로운 도시로 이사할지도 모른다.
10. Going already? Well, **happy trails**!
    벌써 간다고? 그럼, 잘 가!

Review

1. (a) 나의 애완용 뱀은 지난주에 죽었다.
2. (a) 나는 네가 이사를 간다고 들었다.
3. (c) 나는 네가 이제 너의 아버지와 화해를 할 때가 되었다고 생각한다.
4. (c) 비록 댄이 선물로 너에게 CD를 주었더라도 그는 아마 다시 돌려 달라고 요구할 것이다.
5. (c) 너는 이 마을이 좋아 보일지 모르지만 나는 따분하고 적막하다고 생각한다.
6. (a) 즐거운 여행이 되기를!
7. (c) 만약 삶이 지루하고 따분하다면 취미를 한번 가져 봐라.
8. (b) 언젠가는 나는 크게 성공할 것이다!
9. (b) 의대를 졸업하면 너의 인생은 잘 나갈 것이다.
10. (b) 마틴 루터 킹 주니어는 인권 운동이 자리잡는 데에 큰 역할을 했다.

Chapter 13

Life in the Fast Lane (분별이 없거나 무모한 생활 태도)
Theme : Highways and railways (주제 : 도로와 철도)

> Warm Up

1. Do you feel like you are progressing in life? Why or why not?
2. Could you quit drinking if you wanted to?
3. Do you think you are a responsible person? Why or why not?

1. 당신은 인생이 잘 되어 간다고 느끼십니까? 잘 되어 간다고 느끼는 이유와 그렇지 않다고 느끼는 이유는 무엇인가요?
2. 당신은 원할 때 술을 끊을 수 있습니까?
3. 당신은 책임감이 있는 사람이라고 생각합니까? 책임감이 있다고 생각하는 이유와 그렇지 않다고 생각하는 이유는 무엇인가요?

Reading

다음은 삶의 방식을 바꾸어야만 하는 사람에 대한 이야기입니다.

Ned has hopes of being a **big wheel** one day, but he can't seem to better himself. Every time I see him he complains how he is just **spinning his wheels**.

Part of the problem, I think, is that he has been living his **life in the fast lane** too long. One day he'll say he is **on the wagon** and **back on track** with his life, but then he'll suddenly **fall off the wagon** again for weeks at a time.

Another problem for Ned is that he thinks that he can get **on the gravy train** and find an easy but well-paid job. Every time he starts a job he complains that it doesn't pay enough or that he is a **fifth wheel**. Then he is usually caught **asleep at the switch** by his boss and fired. Instead of accepting responsibility for his actions, Ned vows not to be "**taken for a ride**" again. Then in a few days or weeks he gets another job and is complaining once again about **being railroaded into** doing a job he doesn't like.

Ned definitely needs to change his attitude. If he doesn't, he's destined for failure.

Chapter 13. *Life in the Fast Lane*

> **해석**

　네드는 언젠가는 거물이 되겠다는 희망을 가지고 있지만 그는 더 나아질 수 있다고 보이지 않는다. 매번 내가 그를 볼 때마다 그는 그냥 답보 상태에 있는 인생을 불평만 한다.

　나는 그의 문제 중의 하나가 너무 분별없고 무모하게 생활하는 것이라고 생각한다. 어느 날 그는 술을 끊고 삶의 어려움을 극복할 것이라고 말하겠지만 금새 다시 술을 마시기 시작할 것이다.

　네드의 또 다른 문제는 그는 일하지 않고 편히 지낼 수 있는, 그리고 쉽지만 돈을 많이 주는 직업을 얻을 수 있다고 생각하는 것이다. 매번 그가 일을 시작할 때마다 그는 봉급이 적다, 자기의 비중이 적다는 등의 불평을 늘어놓는다. 그리고나서는 일을 게을리한 것을 상사에게 들켜 해고를 당한다. 네드는 그의 잘못된 행동에 대한 책임을 받아들이지는 않고 대신에 다시는 속지 않겠다고 맹세한다. 그리고 며칠, 몇 주 후에 다른 일자리를 얻고 또다시 좋아하지 않는 일을 강요당한다고 불평한다.

　네드는 정말 그의 태도를 바꿀 필요가 있다. 만약 그렇지 않으면 그의 인생은 실패로 끝날 것이다.

Vocabulary

1. big wheel	거물, 세력가
2. to spin one's wheels	꽉 막혀서 나가지 못하다
3. life in the fast lane	분별이 없거나 무모한 생활 태도
4. back on track	좌절을 극복하는
5. to fall off the wagon	끊었던 술을 다시 시작하다
6. on the gravy train	일하지 않고 편히 지낼 수 있는
7. fifth wheel	좀처럼 쓰지 않는 것(사람)
8. asleep at the switch	의무를 게을리하다
9. to be taken for a ride	속임을 당하다
10. to be railroaded into something	~하기를 강요당하다

Origins & Examples

1. Big wheel
important person

big wheel은 1927년에 알려져서 1940년대에 대중화되었습니다. 이 표현은 중요한 사람이라는 것을 나타내는 많은 표현 중의 하나로 다른 유사한 표현은 big wig, big cheese, Mr. Big 등이 있습니다. 비록 정확한 기원을 알 수 없지만 big은 1700년대 초반에 important의 의미로 사용되었습니다.

Donald used to be poor, but now he's a **big wheel**.
도널드는 한때 가난했지만 지금은 거물이 되었다.

Some **big wheels** are coming to visit the worksite tomorrow.
중요 인사 몇 명이 내일 일터로 방문할 예정이다.

2. To spin one's wheels
to be trapped and not progressing in life

자동차의 바퀴가 눈이나 진흙탕에 빠지면 헛돌게 되므로 운전자들은 차를 움직일 수가 없습니다. 마찬가지로 열심히 일하지만 어떤 성과가 보이지 않을 때 사람들은 같은 느낌을 받을 것입니다. 그래서 회사에서 전망이 보이지 않을 때 사람들은 '바퀴를 헛돌리고 있다(spin one's wheel)'라고 불평할지도 모릅니다.

I feel like I'm **spinning my wheels** working here. I'll never get a promotion.
나는 여기서 일하는 것이 비전이 없다고 생각된다. 나는 승진을 하지 못할 것이다.

If you feel you are **spinning your wheels**, moving to another town might help you.
네가 전망이 없다고 느낀다면 다른 도시로 이사 가는 것이 도움이 될지도 모른다.

Chapter 13. *Life in the Fast Lane*

3. Life in the fast lane
fast-paced or reckless lifestyle

이 표현은 고속도로의 차선을 암시합니다. 고속도로에는 주행선과 추월선(fast lane)이 있는데 속도를 즐기는 운전자들은 보통 추월선에서 운전을 합니다. 비록 주행선보다 추월선에서 운전하는 것이 더 편리하고 즐거울지 모르지만 때로는 위험을 수반하기도 합니다. 그래서 life in the fast lane은 빠르게 그리고 자기 멋대로 또는 종종 자기에게 해가 되는 생활 방식을 나타냅니다.

Life in the fast lane was hard on Anne. She was twenty-five, but looked almost forty.
무모하게 살아온 삶이 앤에게는 힘이 들었다. 그녀는 25살이지만 거의 40살처럼 보인다.

I'm tired of **life in the fast lane**. I'm quitting my job and moving to the country.
나는 무모하게 사는 삶에 지쳤다. 직장을 그만두고 시골로 갈 것이다.

4. Back on track
progressing again after a period of regression

기차는 철로나 레일 위를 달립니다. 만약 기차가 뜻하지 않게 선로를 이탈하게(goes off track) 되면 기차의 목적지까지 갈 수가 없습니다. 그러나 기차가 선로 위로 다시 올라오면 (back on track) 기차는 다시 그 목적지를 출발할 수 있습니다. 마찬가지로 사람들도 어떤 좌절에 직면하고 그것들을 극복하면 그들은 그들의 목표로 다시 나아가게 되는 것입니다.

I had a rough year, but now I'm **back on track** again.
나는 힘든 한 해를 보냈지만 지금은 다시 어려움을 극복하고 정상으로 돌아왔다.

I'm trying to get my life **back on track** after my divorce, but it isn't easy.
나는 이혼한 후 정상적으로 생활을 하려 했지만 쉽지 않았다.

155

5. To fall off the wagon
to resume drinking after trying to give it up

자동차와 도로가 발달하기 전에는 말과 진흙길은 삶의 현실이었습니다. 먼지를 가라앉히기 위해 물탱크를 실은 특수 마차가 더러운 도로에 물을 뿌리기도 했습니다. 더이상 술을 마시지 않겠다고 한 사람은 대신에 물을 더 마실지 모르므로 on the water wagon은 술을 끊으려는 사람을 유머럽게 묘사하는 표현이 되었습니다. 이 표현은 1900년 전후에 on the wagon으로 짧아졌고 반대의 표현인 off the wagon도 같은 시대에서 나왔습니다.

I've been **on the wagon** for five years now. I hope to never drink again.
나는 지금 5년 동안 술을 마시지 않았다. 나는 다시 술을 마시지 않기를 바란다.

It looks like Jack **fell off the wagon**. He drank a whole bottle of whiskey last night.
잭은 다시 술을 마시는 것처럼 보인다. 그는 어제 저녁에 위스키 한 병을 다 마셨다.

6. On the gravy train
getting paid well for doing little work

gravy는 '쉽게 번 돈'이라는 철도 속어로 1900년대에 처음으로 알려졌습니다. 비록 왜 이 말이 이렇게 쓰였는지는 명확하지는 않지만 돈이 많아서 잘 먹는다라는 것을 간접적으로 언급한 것인지도 모릅니다. gravy는 감자를 짓이겨 만든 소스입니다. 가난한 사람은 먹을 게 없어 감자를 먹지만 부유한 사람들은 그들이 원할 때는 언제나 gravy를 먹을 수 있었습니다. 여기에서 유래되어 일하지 않고 편히 지낼 수 있는 상태를 나타낼 때 get on the gravy train이라는 표현을 씁니다. 반대의 표현은 fall off the gravy train이라고 하면 됩니다.

I hope to get **on the gravy train** and get a government job.
나는 일하기가 편한 공무원이 되기를 희망한다.

Modeling jobs are a real **gravy train**. All you have to do is pose in front of a camera.
모델은 정말 편한 직업이다. 네가 해야 할 일은 카메라 앞에서 포즈를 취하는 게 전부다.

Chapter 13. *Life in the Fast Lane*

7. Fifth wheel
an unimportant or unnecessary person

4개의 바퀴가 있는 차에서 보조 바퀴는 거의 쓸모가 없고 필요가 없습니다. 그래서 fifth wheel은 중요하지 않거나 가치 없는 사람을 나타낼 때 쓰입니다.

Whenever I go out with Tom and his girlfriend I feel like a **fifth wheel**.
나는 탐과 그의 여자 친구와 함께 나갈 때마다 내가 쓸모없다고 느낀다.

My boss makes me feel like a **fifth wheel**. I can never make independent decisions.
내 상사는 나를 쓸모없는 사람으로 만든다. 나 혼자 결정한 적이 한 번도 없다.

8. Asleep at the switch
not paying attention to one's duties

옛날에 철로 스위치는 수동으로 작동되었습니다. 만약에 스위치를 작동하는 사람이 잠이 든다면(asleep at the switch) 서로 다른 방향에서 오는 기차들이 충돌해서 큰 재앙이 일어났을 것입니다. 그래서 이런 임무를 맡은 사람들은 일을 태만히 하면 즉시 해고되었습니다. 1900년대 동안에 이 표현은 일반적으로 경계를 게을리하거나 자기의 의무를 회피하는 사람을 가리키는 표현으로 쓰였습니다.

Our company was **asleep at the switch** and we missed a great opportunity.
우리 회사는 부주의하게 일을 해서 큰 기회를 놓쳤다.

The goaltender was caught **asleep at the switch** and the other team scored.
골키퍼가 부주의하게 플레이를 해서 다른 팀이 점수를 기록했다.

9. To be taken for a ride
to be tricked

1920년대에서 유래된 이 표현은 아마도 지하 세계에 그 기원을 두었을 것입니다. 미국의 주류 양조 판매 금지 시대에 폭력은 일반적인 모습이었습니다. 알 카포네와 같은 갱 두목들은 불법으로 술 거래를 하면서 라이벌들을 무자비하게 제거했습니다. 갱 조직원들이 가장 두려워하는 것은 차로 먼 곳으로 실려가(being taken for a ride) 총으로 살해되는 것이었습니다. 그래서 카포네 시대에 쓰인 이 말은 보통 속임을 당하다라는 뜻을 나타내게 되었습니다.

My ex-wife **took** me **for a ride**. I lost everything during our divorce.
내 전처는 나를 속였다. 나는 이혼하는 동안 모든 것을 잃었다.

The salesman **took** me **for a ride** and sold me an overpriced car.
그 판매원은 나를 속여서 나에게 비싸게 차를 팔았다.

10. To be railroaded into doing something
to be forced into doing something

19세기 동안 철도 회사들은 경쟁 회사들을 이기려고 철로의 길이를 늘리는 데에 애를 썼습니다. 그래서 철도 회사들은 그들을 반대하는 사람들이나 직원들의 안전에는 염두를 두지 않았습니다. 모든 것에서 가장 우선시되는 것은 가능한 한 철로를 빨리 건설하는 것이었습니다. 비록 철도 시대는 끝났지만 이 표현은 여전히 다른 사람의 복지나 근심에는 염두를 두지 않고 어떤 일을 강요하는 사람이나 단체를 나타낼 때 쓰입니다.

My parents **railroaded** me **into** getting married.
내 부모님은 나에게 결혼하라고 강요했다.

I was **railroaded into** being our club's president.
나는 우리 클럽의 회장이 되라고 강요받았다.

Chapter 13. *Life in the Fast Lane*

Practice

바른 문장이 되도록 괄호 안에 알맞은 단어를 써 넣으세요.

❶ I thought the diamond was real, but I was taken for a (   ).

❷ My dad is a big (   ) in New York.

❸ Study hard and you will get your life (   ) on track.

❹ My neighbor has fallen (   ) the wagon again.

❺ I was railroaded (   ) joining the army.

❻ If I go with you and your date I'll feel like a (   ) wheel.

❼ After five years in the (   ) lane Bernie looked like a different person.

❽ I'm (   ) my wheels working at this fast food restaurant.

❾ The group's new CD went platinum and they were on the (   ) train.

❿ I was asleep (   ) the switch when the job was advertised.

▶정답과 해석은 162page에

159

Review

이탤릭 글자로 쓰여진 뜻의 이디엄을 골라 봅시다.

1. He dresses like *an important person*, but he's no one special.

    a. he's spinning his wheels
    b. a big wheel
    c. a fifth wheel

2. Thieves hope they can steal enough money to *live a luxurious lifestyle*.

    a. get on the gravy train
    b. live life in the fast lane
    c. fall off the wagon

3. *I stopped drinking*.

    a. I'm on the wagon.
    b. I fell off the wagon.
    c. I'm back on track.

4. I have been *tricked and deceived* so many times I have lost count.

    a. asleep at the switch
    b. railroaded into doing something
    c. taken for a ride

5. The rock singer lived *a reckless and fast-paced life*.

    a. on the gravy train
    b. life in the fast lane
    c. like a big wheel

Chapter 13. *Life in the Fast Lane*

6. I hope you don't feel like you are *an unimportant person* here.

    a. a fifth wheel
    b. asleep at the switch
    c. off the wagon

7. I will not be *pushed* into telling a lie!

    a. spinning my wheels
    b. back on track
    c. railroaded

8. The security guard *wasn't paying attention*.

    a. was a fifth wheel
    b. fell off the wagon
    c. was asleep at the switch

9. You seem like you are *not progressing in life*.

    a. spinning your wheels
    b. on the wagon
    c. a big wheel

10. After two months of hard work, I *started improving again*.

    a. was taken for a ride
    b. got back on track again
    c. was on the gravy train

▶정답과 해석은 162page에

정답과 해석

Practice
1. ride
나는 그 다이아몬드가 진짜라고 생각했지만 나는 속은 것이었다.
2. wheel
내 아버지는 뉴욕에서 유명한 인사이다.
3. back
열심히 공부해야 너의 인생이 다시 정상으로 돌아올 것이다.
4. off
내 이웃은 끊었던 술을 다시 마셨다.
5. into
나는 군입대를 강요받았다.
6. fifth
내가 너와 너의 데이트 상대와 같이 간다면 나는 쓸모없는 사람처럼 느낄 것이다.
7. fast
5년이라는 세월을 무모하게 보낸 버니는 딴 사람처럼 보였다.
8. spinning
내가 이 패스트푸드 식당에서 일하는 것은 전망이 없다.
9. gravy
그 그룹의 CD가 백만 장이 넘게 팔려서 그들은 일하지 않고 편하게 지내도 되었다.
10. at
그 구인 광고가 나왔을 때 나는 부주의해서 보지 못했다.

Review
1. (b) 그는 거물처럼 옷을 입었지만 특별한 사람이 아니다.
2. (a) 도둑들은 사치스러운 생활을 할 수 있도록 많은 돈을 훔치기를 희망한다.
3. (a) 나는 술 마시는 것을 그만두었다.
4. (c) 나는 셀 수 없는 만큼 여러 차례 속임을 당했다.
5. (b) 그 락 가수는 앞뒤를 가리지 않고 무모한 삶을 살았다.
6. (a) 나는 네가 중요하지 않은 인물이라고 생각하지 않기를 바란다.
7. (c) 나는 거짓말을 하도록 강요받지 않을 것이다.
8. (c) 그 안전 요원은 주의를 기울이지 않았다.
9. (a) 너의 삶은 전망이 없어 보인다.
10. (b) 두 달을 열심히 일한 후 나의 생활은 다시 좋아졌다.

Chapter 14

Speak of the Devil! (호랑이도 제 말 하면 온다더니!)
    Theme : Religion (주제 : 종교)

Warm Up

1. Do you have any religious idioms in the Korean language?
2. Have you ever been in a difficult situation with no way out?
3. Have you ever talked about someone and then they suddenly appeared?

1. 한국어에 종교와 관련된 관용어가 있습니까?
2. 당신은 진퇴양난과 같은 상황에 빠진 적이 있습니까?
3. 누군가에 대해 이야기하고 있는데 그 사람이 나타난 적이 있습니까?

Reading

지나와 로라는 남자 문제로 고민하는 친구에 대해 이야기하고 있습니다.

Gina : How's Cindy these days? I haven't seen her **in a month of Sundays**.

Laura : She's been **between the devil and the deep blue sea** with Bill and his **devil-may-care** attitude toward his alcohol problem.

Gina : Really? And she was **in seventh heaven** when she first met him. Can't he stop drinking?

Laura : He'll give up alcohol **when hell freezes over**! **Come hell or high water**, he heads **like a bat out of hell** to the nearest bar **to raise Cain** every evening.

Gina : That guy is **going to hell in a hand basket**!

(Cindy walks into the room)

Cindy : Hi guys! What's new?

Laura and Gina : Cindy! **Speak of the devil**!

Chapter 14. *Speak of the Devil*

해석

지나 : 요즘 신디는 어떻게 지내? 그녀를 본 지도 꽤 되었군.
로라 : 그녀는 빌과 그의 그의 무모한 술 문제 때문에 진퇴양난에 빠져 있어.
지나 : 정말? 그녀는 그와 처음 만났을 때 황홀경에 빠졌잖아. 그는 술을 끊을 수 없대?
로라 : 그는 영원히 술을 끊을 수 없을 거야! 어떤 일이 일어나더라도 그는 매일 저녁 소란을 피우기 위해 전속력으로 가장 가까운 술집으로 뛰어 나간다니까.
지나 : 그는 짚을 들고 불 속으로 들어가는 격이네.
(신디가 방으로 걸어 들어온다.)
신디 : 안녕! 무슨 일이 있니?
로라와 지나 : 신디! 호랑이도 제 말 하면 온다더니!

Vocabulary

1. a month of Sundays	아주 오랫동안
2. between the devil and the deep blue sea	해결 없는 어려운 상황에서
3. devil-may-care	물불을 가리지 않는, 무모한
4. in seventh heaven	신과 천사만이 사는 최고의 하늘
5. when hell freezes over	영구히
6. come hell or high water	어떠한 장애가 있더라도
7. like a bat out of hell	전속력으로
8. to raise Cain	큰 소동을 일으키다
9. going to hell in a hand basket	무의식적으로 재앙으로 향하다
10. Speak of the devil!	호랑이도 제 말 하면 온다!

Origins & Examples

1. A month of Sundays
a very long time

이 말은 1832년에 처음으로 쓰였습니다. 1800년대에는 안식일에 경기나 어떤 종류의 여흥거리도 금지되었기 때문에 사람들은 일요일을 지루하고 따분하게 느꼈을 것입니다. 그래서 신앙심이 깊은 사람들을 제외하고는 많은 사람들이 일요일은 길고 오래 간다고 생각했습니다.

 It will take **a month of Sundays** to finish this project.
이 프로젝트를 끝내려면 아주 오랜 시간이 걸릴 것이다.

I haven't gone on a date in **a month of Sundays**.
나는 아주 오랫동안 데이트를 하지 못했다.

2. Between the devil and the deep blue sea
in a difficult situation with no solution

17세기에 선원들이 사용한 between the devil and the deep blue sea라는 말은 배에서 가장 위험한 일을 나타내었습니다. devil은 실제로 선체 주위에 가장 길게 접합된 부분인데 바다에서 이 부분을 방수하는 것을 paying the devil이라고 불렀습니다. 이러한 일을 하는 사람들은 큰 파도가 그들을 휩쓸어 갈 수 있기 때문에 커다란 위험에 노출되어 있었습니다.

 The soldier found himself **between the devil and the deep blue sea**. If he did not move he would be shot at, and if he ran away he would be shot at.
그 병사는 자신이 진퇴양난에 빠져 있는 것을 발견했다. 움직이지 않으면 총탄을 맞을 것이고 도망을 가도 총탄을 맞을 것이다.

Our company is **between the devil and the deep blue sea**. We have to either lay off workers or go bankrupt.
우리 회사는 큰 어려움에 빠졌다. 우리는 직원들을 해고하지 않으면 파산을 한다.

Chapter 14. *Speak of the Devil*

3. Devil-may-care
carefree

1790년대에 쓰여진 devil-may-care는 그 기원이 명확하지 않습니다. 아마도 앞뒤를 가리지 않는 무모한 사람들의 영혼에 관심이 있는 사탄이나 악마를 암시하는 표현일 것입니다.

 I refuse to hire any workers with a **devil-may-care** attitude.
나는 물불을 가리지 않는 성품을 가진 사람을 채용하는 것을 반대한다.

John had a **devil-may-care** attitude toward his studies and his grades reflected it.
존은 물불을 가리지 않고 매달렸고 그의 성적은 그것을 나타냈다.

4. In seventh heaven
ecstatic about something

고대 유대인과 이스람 교도들은 지구 주위에 7개의 혹성이 있다는 것을 알았습니다. 그들은 신이 7번째 혹성, 즉 가장 높은 혹성에 살고 있다고 믿었습니다. 그러므로 어떤 사람이 아주 희열이 넘친다면 그는 신이 사는 제7번째 혹성에 사는 것처럼 느낄 것입니다.

 Whenever I dance I'm **in seventh heaven**.
나는 춤을 출 때마다 황홀감을 느낀다.

Mr. Kim is **in seventh heaven** whenever he eats Korean food.
미스터 김은 한국 음식을 먹을 때마다 희열을 느낀다.

5. When hell freezes over
never

기독교인들은 보통 지옥을 악인들이 영원히 사는 지하의 불구덩이라고 생각합니다. 그래서 지옥은 불과 강렬한 열이 있기 때문에 결코 얼어붙을 수 없다고 믿습니다. 그러므로 when hell freezes over는 never라는 뜻이 됩니다.

Ex.
I will marry Ellen **when hell freezes over**!
나는 결코 엘렌과 결혼하지 않을 것이다!

Burt will stop being lazy **when hell freezes over**!
버트는 결코 게으름 피우는 것을 멈추지 않을 것이다!

6. Come hell or high water
no matter what happens

이 표현은 1915년에 처음으로 기록되었지만 아마 더 오래되었을 것입니다. 이 말은 큰 홍수로 세계가 종말을 맞는 것을 암시하는 예언적인 말입니다. 그래서 come hell or high water는 무슨 일이 생기더라도 어떤 것을 할 때 쓰이는 표현입니다.

Ex.
Come hell or high water, my mom watches her favorite soap opera everyday.
무슨 일이 있더라도 엄마는 엄마가 좋아하는 드라마를 매일 본다.

I'm going to that concert **come hell or high water**!
나는 무슨 일이 있더라도 그 콘서트에 갈 것이다!

Chapter 14. *Speak of the Devil*

7. Like a bat out of hell
in a frantic and very determined way

박쥐들(bats)은 민첩한 동물이어서 어둠 속에서도 탐지기를 이용해 빠르게 날아갈 수 있습니다. 그래서 우리가 박쥐를 보자마자 박쥐는 어둠 속으로 사라집니다. 이 때문에 1차 세계 대전 동안 조종사들은 최고 속력으로 날아가는 것을 비유할 때 이 표현을 즐겨 사용했습니다. 이 표현에서 hell은 광폭함을 나타내어 이 표현을 더 생동감 있게 나타냈습니다.

When the bell rang, Billy ran out of the classroom **like a bat out of hell**.
벨이 울리자 빌리는 전속력으로 교실을 뛰어나갔다.

The thief shot out of the house **like a bat out of hell** when he saw the police officer.
그 도둑은 경찰을 보자 쏜살같이 집에서 뛰어나왔다.

8. To raise Cain
to make a lot of noise or cause trouble

성경을 보면 카인은 아벨의 형제이고 아담과 이브의 아들입니다. 하느님은 아벨이 양을 제물로 바치자 기뻐하셨고 카인이 아벨처럼 하지 못하자 기뻐하지 않으셨습니다. 그래서 카인은 질투 때문에 그의 형제를 살해했습니다. 이 행동은 하느님을 화나게 했고 카인은 그의 죄로 남은 인생을 고통스럽게 지냈습니다. 그러므로 raise Cain은 카인의 영혼을 소생시켜서 소란을 야기한다는 의미를 가지게 되었습니다.

It seems that teenagers these days are always **raising Cain**.
요즘 십대들은 항상 소란을 피우는 것처럼 보인다.

Jack **raises Cain** every Friday after work.
잭은 금요일마다 퇴근 후 소란을 피운다.

9. To go to hell in a hand basket
unknowingly heading toward disaster

이 표현에 대한 정보는 거의 없습니다. hand basket는 손으로 쉽게 나를 수 있는 단순한 양동이였습니다. 아마도 이 표현은 h음의 두운 때문에 대중화되었을 것입니다. 비슷한 표현은 to go to heaven in a wheelbarrow인데 go to hell과 같은 의미로 쓰였습니다.

Tanya is always getting into trouble. She's **going to hell in a hand basket**.
타냐는 항상 곤란에 빠진다. 그녀는 자신도 알지 못하게 불행한 쪽으로 가고 있다.

Mike watches TV all day long and never works. He's **going to hell in a hand basket**.
마이크는 하루 종일 TV나 보고 일은 하지 않는다. 그는 자신도 알지 못하게 불행한 쪽으로 가고 있다.

10. Speak of the devil!
said when a person talked about appears

이 말은 18세기 Speak of the devil and he's sure to appear.를 줄인 표현이다. speak of the devil은 1721년에 스코틀랜드의 속담책에 처음으로 문자로 기록되었고 악마의 이름을 부르면 그가 갑자기 나타난다는 미신에서 비롯되었습니다.

Speak of the devil, here comes Jenny now!
호랑이도 제 말 하면 온다더니, 제니가 이리로 오고 있다!

We were talking about Rick and, **speak of the devil**, he walked into the room.
우리가 릭에 대해 이야기하고 있는데 호랑이도 제 말 하면 온다더니 그가 방으로 들어왔다.

Chapter 14. *Speak of the Devil*

Practice

다음 문장 속에 있는 이디엄은 잘못 쓰여진 것입니다. 바르게 고쳐 봅시다.

❶ The jet fighter shot across the sky like a bat out from hell.

   Answer :

❷ I'll admit I was wrong when hell freezes off!

   Answer :

❸ Speak at the devil, here comes Morris now.

   Answer :

❹ Joe is going to hole in a hand basket.

   Answer :

❺ I'm annoyed with your devil-should-care attitude.

   Answer :

❻ I haven't been to church in a week of Sundays.

   Answer :

❼ When Sheila met Tom Cruise she was in sixth heaven.

   Answer :

❽ Come hell with high water, I will get my money back.

   Answer :

❾ After raising pain all day and all night, Ross finally went to bed.

   Answer :

❿ I was between the devil and the deep blue see when the lion chased me up a tree.

   Answer :

▶정답과 해석은 174page에

Review

이탤릭 글자로 쓰여진 뜻의 이디엄을 골라 봅시다.

1. Fred hasn't visited us *for a very long time*.

    a. in seventh heaven
    b. in a month of Sundays
    c. when hell freezes over

2. Whenever she eats cheesecake, Judy is *in ecstasy*.

    a. raising Cain
    b. in seventh heaven
    c. like a bat out of hell

3. *We were just talking about you!*

    a. Speak of the devil!
    b. When hell freezes over!
    c. Go to hell in a hand basket!

4. The government will *never stop taxing us*.

    a. stop taxing us when hell freezes over
    b. stop taxing us in seventh heaven
    c. stop taxing us between the devil and the deep blue sea

5. Johnny always *makes noise and causes trouble* when he drinks.

    a. is between the devil and the deep blue sea
    b. acts like a bat out of hell
    c. raises Cain

Chapter 14. *Speak of the Devil*

6. Ken's father just got put in jail. The whole family is *destined for failure*.

    a. in seventh heaven
    b. speaking of the devil
    c. going to hell in a hand basket

7. The young couple was caught *in a no-win situation*.

    a. in a month of Sundays
    b. come hell or high water
    c. between the devil and the deep blue sea

8. *No matter what happens*, I will be famous.

    a. Come hell or high water
    b. In a month of Sundays
    c. Devil-may-care

9. You are a little too *casual* in your outlook.

    a. going to hell in a hand basket
    b. devil-may-care
    c. speak of the devil

10. The shark swam *quickly* toward the swimmer.

    a. like a bat out of hell
    b. raising Cain
    c. come hell or high water

▶정답과 해석은 174page에

정답과 해석

Practice

1. The jet fighter shot across the sky **like a bat out of hell**.
   그 전투기 조종사는 전속력으로 하늘을 가로질러 기관총을 발사했다.
2. I'll admit I was wrong **when hell freezes over**!
   나는 지옥이 얼어붙어야 내가 틀렸다고 인정할 것이다.
3. **Speak of the devil**, here comes Morris now.
   호랑이도 제 말 하면 온다더니, 이리로 모리스가 온다.
4. Joe is **going to hell in a hand basket**.
   조는 자신도 알지 못하게 불행한 쪽으로 가고 있다.
5. I'm annoyed with your **devil-may-care** attitude.
   나는 너의 물불을 가리지 않는 태도에 화가 난다.
6. I haven't been to church in **a month of Sundays**.
   나는 아주 오랫동안 교회에 가지 않았다.
7. When Sheila met Tom Cruise she was **in seventh heaven**.
   셰일라가 탐 크루즈를 만났을 때 그녀는 황홀감에 빠졌다.
8. **Come hell or high water**, I will get my money back.
   무슨 일이 있더라도 나는 내 돈을 돌려받을 것이다.
9. After **raising Cain** all day and all night, Ross finally went to bed.
   밤낮으로 소란을 피운 후에 로스는 마침내 잠이 들었다.
10. I was **between the devil and the deep blue sea** when the lion chased me up a tree.
    사자가 나무 위까지 쫓아오자 나는 진퇴양난에 빠졌다.

Review

1. (b) 프레드는 아주 오랫동안 우리를 방문하지 않았다.
2. (b) 주디는 치즈케익을 먹을 때마다 희열을 느낀다.
3. (a) 우리는 방금 네 얘기를 하고 있었어!
4. (a) 정부는 결코 세금 걷는 것을 멈추지 않을 것이다.
5. (c) 조니는 술을 마시면 항상 소란을 피우고 문제를 일으킨다.
6. (c) 켄의 아버지는 바로 구속이 되었다. 켄의 모든 가족은 실패자가 되었다.
7. (c) 그 젊은 부부는 승산이 없는 상황에 빠졌다.
8. (a) 무슨 일이 있더라도 나는 유명해질 것이다.
9. (b) 너는 외관에 지나치게 격식을 차리지 않는다.
10. (a) 상어는 헤엄치는 사람에게 빠르게 다가왔다.

Chapter 15

C'est La Vie! (그것이 인생이다!)
Theme : Foreign influences (주제 : 외국의 영향)

Warm Up

1. What are some English words that have been adopted into the Korean language?
2. Can you name any foreign words that are used in English?
3. Do you think foreign word borrowings weaken a language or strengthen it?

    1. 한국어로 쓰이는 영어 단어들은 무엇이 있을까요?
    2. 당신은 영어로 쓰이는 외국 단어들을 말할 수 있습니까?
    3. 외국말을 차용하는 것은 언어를 약하게 한다고 생각합니까, 아니면 강화한다고 생각합니까?

Reading

다음은 짝사랑하다가 실패한 한 남자의 이야기입니다.

The first time I saw Mary I thought, "This girl has a certain '**Je ne sais quoi**.'" She seemed special somehow, so I was really **gung ho** about meeting her. I would need a lot of **chutzpah** to ask Mary out, but I decided to try to introduce myself to her.

One day while I was **schlepping** some office supplies to my office, I saw Mary talking to Ed Powers, our CEO. I was just about to greet Mary when Powers interrupted me and **shanghaied me into** carrying some packages for him. It was so humiliating having **to kowtow to** Powers like that in front of Mary!

The next morning as I was going to my office, I saw Mary talking to Powers again. Talk about **déjà vu**! But this time I saw Mary holding Powers' hand! Worse yet, I heard Powers say to Mary, "I'll see you tonight at 8:00, sweetheart." My whole dream of dating Mary **went kaput**! I was so disappointed.

Lately, however, I have accepted my fate. If it's not **kosher** for me to date Mary, well, what can I do? As they say, "**C'est la vie!**"

Chapter 15. C'est La Vie

해석

내가 처음으로 메리를 보았을 때 나는 "이 여자는 말로 표현 못할 매력이 있구나."라고 생각했다. 그녀는 아주 특별해서 나는 그녀와 만나는 것이 정말 흥분되었다. 내가 메리에게 데이트를 신청하려면 얼굴이 두꺼워야 되겠지만 나는 내 자신을 그녀에게 소개하기로 결심했다.

어느 날 나는 사무실에서 필요한 비품을 나르고 있었는데 메리가 우리 회사 CEO인 에드 파워즈와 이야기하는 것을 보았다. 내가 메리에게 막 인사하려고 할 때 파워즈는 나를 가로막고 나에게 그의 짐을 나르라고 시켰다. 메리 앞에서 파워즈에게 머리를 숙이는 그런 망신을 당하다니!

다음날 아침 내가 사무실에 갔을 때 나는 파워즈와 이야기하는 메리를 다시 보았다. 바로 이런 것이 기시감인가 보다! 그러나 이번에는 파워즈의 손을 잡고 있는 메리를 보았다. 더 나쁜 것은 파워즈가 "자기, 이따 저녁 8시에 봐."라는 말을 들은 것이다. 메리와 데이트를 하겠다는 나의 모든 꿈은 산산히 부서졌다. 나는 너무 실망했다.

그러나 시간이 흐른 후 나는 내 운명을 받아들였다. 내가 메리와 데이트하는 것이 어울리지 않는다는데 어떻게 하겠는가? 사람들이 말하는 것처럼 "이것이 인생일 것이다."

Vocabulary

1. "Je ne sais quoi"	형언하기 어려운 것
2. gung ho	열렬한, 흥분한
3. chutzpah	뻔뻔스러움, 철면피
4. to schlep something	(귀찮은 것을) 나르다
5. to be shanghaied into something	속여서 어떤 일을 하게 하다
6. to kowtow to someone	누구에게 머리 숙이다
7. déjà vu	전에 보았던 것 같은 느낌, 기시감
8. to go kaput	폐허가 되다
9. kosher	적법한
10. C'est la vie!	그것이 인생이다!

Origins & Examples

1. Je ne sais quoi
an indescribable quality

불어에서 영어로 옮겨온 이 표현은 "I don't know what.(나는 무엇인지 모른다.)"라는 뜻입니다. 그래서 Je ne sais quoi는 어떤 사람이나 사물에 대한 말로 할 수 없는 매력이나 특징을 나타내는 데 쓰입니다.

I don't know why you are attractive. You just have a certain **"Je ne sais quoi."**
나는 네가 왜 매력적인지 모른다. 너는 그냥 말로 표현 못할 매력이 있다.

It's your **"Je ne sais quoi"** that makes women adore you, Brad.
여자들이 너를 사모하는 것은 너의 말로 표현 못할 어떤 매력 때문이야, 브래드.

2. Gung ho
excited or enthusiastic about something

gung ho는 '함께 일하자'라는 뜻의 중국어로 인생의 대부분을 중국에서 살았던 뉴질랜드의 사회 개혁가 Rewi Alley를 통해 영어로 쓰이게 되었습니다. 공공 사업에 수천 명의 중국 노동자들이 일제히 함께 일하는 모습에 감명받은 앨리는 중국을 일본 제국주의에서 벗어나기 위해 만든 조직인 산업 협동조합의 설립을 도왔습니다. 앨리는 종종 중국인들이 그들의 노력과 정신을 고취시키기 위해 이 말을 사용한다는 것을 알았기 때문에 그 조직의 슬로건으로 Gung Ho!를 선택했습니다. 이 표현은 영어로도 사용되어 큰 열정이란 뜻으로 쓰입니다.

I don't understand why you are so **gung ho** about this book. It's so dull.
나는 네가 왜 이 책에 열광하는지 잘 이해가 가지 않는다. 그 책은 정말 지루한데.

I am really **gung ho** about my trip to Europe. I've never been so excited in my life!
나는 내가 유럽 여행을 한다는 것이 정말 흥분된다. 내 인생에 있어 이렇게 흥분을 한 적이 없다!

Chapter 15. *C'est La Vie*

3. Chutzpah
brazenness, gall or audacity

19세기와 20세기 동안 미국으로 이민 온 유대인에 의해 사용된 이 표현은 번역하기가 어려운 말입니다. chutzpah는 긍정적으로도 부정적으로도 쓰입니다. 예를 들어 매력이 없는 남자가 아름다운 여자에게 데이트를 청하는 것을 나타낼 때, 정치인들이 명백한 거짓말을 할 때에 쓰입니다. 이 이디시(Yiddish) 말은 유대 문화의 중심지로써 잘 알려진 뉴욕 시에서 유난히 많이 쓰였습니다.

Tom always asks the prettiest girl to dance. He has a lot of **chutzpah**.
탐은 항상 제일 예쁜 여자에게 춤을 청한다. 그는 정말 얼굴이 두껍다.

You need a lot of **chutzpah** to succeed in door-to-door sales.
네가 방문 판매를 성공하려면 정말 얼굴이 두꺼워야 한다.

4. To schlep something
to carry something

비록 schlep가 뉴욕 시에서 영어로 처음 사용되었지만 미국과 캐나다의 많은 지역에서도 일반적으로 쓰이는 말입니다. chutzpah와 함께 schlep도 이민 온 유대인들에게서 미국으로 들어왔습니다. 이 동사는 독일어인 schleppen에서 왔고 후에 이디시 어로 채택되었습니다.

I didn't have a car, so I had to **schlep** my groceries for four blocks.
나는 차가 없어서 식료품을 4블럭이나 날러야 했다.

I **schlepped** my luggage around London for three hours before finding a hotel.
나는 호텔을 발견하기 진까지 3시간 동안 런던 주위를 짐을 가지고 다녔다.

5. To be shanghaied into something
to be tricked into doing something

1870년대부터 쓰인 이 표현은 미국에서 사람을 불법적으로 납치해 배에 태워서 동양의 어느 곳에 내려 놓는 범죄와 연관이 있었습니다. 약이나 술에 의해 의식이 없을 정도로 취해 납치된 사람들은 깨어나 보면 중국의 상하이나 또는 아시아의 어느 곳으로 향하는 배 위에 있는 자신을 발견하게 됩니다. 한번 납치된 사람은 대부분이 다시 볼 수도 들을 수도 없었습니다.

I didn't join the army willingly. My dad **shanghaied** me **into** doing it.
나는 내가 원해서 군에 입대한 것이 아니었다. 아버지가 강요해서 그렇게 된 것이었다.

I was **shanghaied into** buying worthless stocks.
나는 속아서 가치 없는 주식들을 샀다.

6. To kowtow to someone
to be subservient to someone else

kowtow는 중국말 고두(叩頭)에서 왔는데 고는 knock을 뜻하고 두는 head를 뜻합니다. 원래의 뜻은 자기보다 높은 지위에 있는 사람에게 존경을 표현하기 위해 땅에다 머리를 조아리는 행위를 말합니다. kowtow의 형태는 높은 사람의 지위와 레벨에 따라 다양했습니다.

I won't **kowtow** to anyone. I'm too proud and independent.
나는 나는 누구에게도 머리를 조아리지 않을 것이다. 나는 자긍심과 자존심이 강하다.

I'm tired of **kowtowing** to my boss. I'm not his slave.
나는 내 상사에게 굽실거리는 것에 지쳤다. 나는 그의 노예가 아니다.

Chapter 15. *C'est La Vie*

7. Déjà vu
the feeling that you've seen something before

불어에서 온 deja vu는 이미 본 것, 그리고 친숙하게 느끼는 것을 언급할 때 쓰입니다. 예를 들면 당신이 만약 어떤 장소를 방문해서 그 곳이 전에 와 본 것 같은 느낌이 든다면 당신은 deja vu를 경험하고 있는 것입니다. 이 표현은 원래 심리학의 용어로 사용되었습니다.

It was my first time to France, but I felt a sense of **déjà vu**.
나는 프랑스를 처음 여행한 것이었지만 전에 와 본 것 같은 느낌이 들었다.

When my second wife asked for a divorce I felt a sense of **déjà vu**.
나의 두 번째 아내가 이혼을 요구하자 나는 전에 경험했던 일이 생각났다.

8. To go kaput
to be ruined; stop functioning

kaput는 독일어에서 왔는데 그 의미는 '끝났다' 라는 뜻입니다. 원래 kaput는 불어 capot에서 왔고 capot은 카드 용어로 영어의 zero와 거의 비슷한 말입니다. kaput가 영어로 처음 쓰이게 된 것은 1890년대로 거슬러 올라가지만 1차 세계 대전 후가 되어서야 널리 쓰이게 되었습니다.

This cassette player is **kaput**! You'll have to buy a new one.
이 카세트 플레이어는 고장이 났다. 너는 새 기계를 사야 한다.

My business went **kaput** as soon as my brother tried to manage it.
내 형이 관리하려고 하자마자 내 사업은 곧 실패했다.

9. Kosher
proper or fitting

유대교의 음식 규정을 보면 고기와 다른 여러 음식물은 라비의 축복을 받아야만 먹을 수 있었고 특별한 규칙에 의해 준비되었습니다. 만약 어떤 음식이 kosher이면 그것은 먹기에 적합하다는 뜻입니다. 영어에서 kosher는 믿을 만한 사람이나 물건, 또는 어울리는 행동을 나타냅니다.

Do you think it's **kosher** for us to go to the party? We weren't invited.
우리가 파티에 가는 것이 적합하다고 생각하니? 우리는 초대도 받지 않았다.

It's not **kosher** to steal from friends.
친구로부터 훔치는 것은 옳은 행동이 아니다.

10. C'est la vie!
That's life!

이 불어는 문자 그대로 '그것이 인생이다' 라는 뜻입니다. 이 말이 언제 영어로 들어왔는지 명확하지는 않지만 어떤 사람이 그가 변화시킬 수 없는 상황을 받아들여야 할 때 사용됩니다.

I guess I didn't get the job. Oh well, c'est la vie!
나는 그 일을 얻지 못했다고 생각한다. 오, 그것이 인생이라면!

Mona doesn't like me? Oh well, c'est la vie! I'll ask someone else to the dance.
모나가 나를 좋아하지 않는다고? 오, 그것이 인생이라면! 나는 다른 사람에게 춤을 청해야겠다.

Chapter 15. *C'est La Vie*

Practice

이디엄이 올바르게 쓰였다면 T, 그렇지 않다면 F에 동그라미를 치세요.

❶ I am gung ho about studying math. It's so boring!

T/F

❷ My relationship with Brittany has gone kaput. We're breaking up.

T/F

❸ Matt sure has chutzpah kissing your wife like that!

T/F

❹ I've been schlepping these books around all day. I'm tired!

T/F

❺ You have a certain "Je ne sais quoi." There's something about you.

T/F

❻ This hamburger is delicious. C'est la vie!

T/F

❼ Can I please kowtow to you?

T/F

❽ My mom shanghaied me into getting a part-time job.

T/F

❾ It feels like I've been here before. It must be déjà vu.

T/F

❿ It isn't kosher to borrow money and not pay it back.

T/F

▶정답과 해석은 186page에

Review

이탤릭 글자로 쓰여진 뜻의 이디엄을 골라 봅시다.

1. If you expect me to *grovel before* you, you're sadly mistaken.

    a. be gung ho about
    b. kowtow to
    c. shanghai

2. Comedians need *a lot of courage* to go on stage and tell jokes.

    a. kosher
    b. chutzpah
    c. kaput

3. I think this phone is *out of order*.

    a. kaput
    b. déjà vu
    c. kowtow

4. This feels like *something I've done before*.

    a. deja vu
    b. schlepping
    c. gung ho

5. You can't change the past.

    a. Je ne sais quoi.
    b. You went kaput.
    c. C'est la vie.

Chapter 15. *C'est La Vie*

6. Why is that old man always *carrying* that box around?

    a. kowtowing
    b. schlepping
    c. koshering

7. Is it *appropriate* for me to call him by his first name?

    a. gung ho
    b. Je ne sais quoi
    c. kosher

8. My professor *forced me to clean* his office.

    a. shanghaied me into cleaning
    b. made me kaput and clean
    c. kowtowed me into cleaning

9. Lynn is *really enthusiastic* about studying art.

    a. shanghaied
    b. kaput
    c. gung ho

10. You have *charisma*.

    a. a certain "Je ne sais quoi."
    b. a little deja vu
    c. chutzpah

▶ 정답과 해석은 186page에

정답과 해석

Practice
1. F. 나는 수학을 공부하는 것에 열광적이다. 수학은 너무 지루하다.
2. T. 나와 브리태니의 관계는 끝났다. 우리는 헤어졌다.
3. T. 맷이 저와 같이 너의 아내와 키스를 하다니 얼굴이 참 두껍다.
4. T. 나는 하루 종일 이 책들을 들고 다녔다. 나는 지쳤다.
5. T. 너는 말로 표현 못할 매력이 있다. 너는 무언가가 있다.
6. F. 이 햄버거는 맛이 있다. 이것이 인생이다.
7. F. 내가 당신에게 머리 숙여도 될까요?
8. T. 엄마는 내가 아르바이트를 하도록 시켰다.
9. T. 전에 여기 와 본 느낌이 든다. 이것이 기시감일 것이다.
10. T. 돈을 빌려서 갚지 않는 것은 적법한 것이 아니다.

Review
1. (b) 너는 내가 네 앞에서 굽실거릴 거라고 생각한다면 너는 유감스럽게도 잘못 생각한 것이다.
2. (b) 코메디언은 무대 위로 올라가서 유머를 할 수 있는 많은 용기가 필요하다.
3. (a) 나는 이 전화가 고장이 났다고 생각한다.
4. (a) 이것은 전에 내가 해 봤던 어떤 것인가처럼 느껴진다.
5. (c) 너는 과거를 되돌릴 수 없다.
6. (b) 왜 저 노인은 항상 저 박스를 들고 다니지?
7. (c) 내가 그의 이름을 부르는 것이 적합한가요?
8. (a) 교수님은 나에게 사무실 청소를 시켰다.
9. (c) 린은 예술을 공부하는 것에 정말 열정적이다.
10. (a) 너는 카리스마가 있다.

Chapter 16

Back to the Drawing Board (처음부터 다시 시작하다)
Theme : Innovation (주제 : 혁신)

Warm Up

1. What are some of the greatest inventions of all time?
2. What is the most useful gadget you own?
3. Can you name any famous American inventors?

    1. 역사상 가장 위대한 발명품은 무엇일까요?
    2. 당신이 가지고 있는 것 중에서 가장 유용한 기계 장치는 무엇인가요?
    3. 당신은 유명한 미국 발명가들의 이름을 말할 수 있습니까?

Reading

다음은 컴퓨터 소프트웨어를 개발하는 두 사람의 대화입니다.

Ted : Designing this software has been quite a challenge, hasn't it?

Peter : It sure has. We've really had to **think outside the box** on this project.

Ted : I'm just glad we were working together. I couldn't have managed myself. I would have **racked my brains out** for years trying to do this alone.

Peter : Well, **two heads are better than one**, right?

Ted : That's for sure. But luckily we **were on the same wavelength** and could **pick each other's brains**.

Peter : Do you think we'll make any money from our **brainwave**?

Ted : Absolutely. You don't have to be a **rocket scientist** to see that our software will save people time and make their lives easier.

Peter : Maybe, but the real **acid test** will come after it goes on sale. (The computer begins to make a strange sound)

Ted : (Shocked) Oh no! Something's wrong! The program isn't working.

Peter : I guess we still have a lot of work to do. Let's **put our thinking caps on** and **go back to the drawing board**.

Chapter 16. *Back to the Drawing Board*

해석

테드 : 이 소프트웨어를 만드는 것은 꽤 해볼 만한 일이야, 그렇지 않니?

피터 : 정말 그래. 우리는 정말 이 프로젝트를 혁신적인 방법으로 생각을 해야 돼.

테드 : 나는 우리가 함께 일할 수 있어서 기쁘다. 나 혼자서는 감당할 수 없었어. 나는 이것을 수년 동안 혼자 작업하느라고 머리 꽤나 썩였지.

피터 : 음, 백지장도 맞들면 낫지 않겠어?

테드 : 그래, 맞아. 다행히도 우리는 생각이 비슷해서 서로에게서 좋은 아이디어를 얻을 수 있었지.

피터 : 우리는 이 혁신적인 생각으로 돈을 벌 수가 있을까?

테드 : 물론이야. 너는 우리의 소프트웨어가 사람들의 시간을 절약시키고 그들의 삶을 편하게 할 거라는 것을 예측하는 천재가 될 필요는 없어.

피터 : 아마도 그것을 시장에 내놓기 전에 엄밀한 검사는 해 봐야 할 거야.(컴퓨터에서 이상한 소리가 나기 시작한다.)

테드 : (놀라며) 오, 안돼! 뭔가 잘못 됐다! 프로그램이 실행이 안 돼.

피터 : 우리는 여전히 해야 할 일이 많군. 우리 조금 더 진지하게 검토해 보고 처음부터 다시 시작해 보자.

Vocabulary

1. to think outside the box	혁신적으로 생각하다
2. to rack one's brains out	골똘히 생각하다
3. Two heads are better than one.	백지장도 맞들면 낫다
4. to be on the same wavelength	생각이 같다
5. to pick someone's brains	지혜를 빌리다
6. brainwave	영감, 묘안
7. rocket scientist	머리가 잘 도는 사람
8. acid test	엄밀한 검사
9. to put one's thinking cap on	숙고하다
10. to go back to the drawing board	처음부터 다시 시작하다

Origins & Examples

1. To think outside the box
to think in an innovative way

이 표현의 유래는 명확하지는 않습니다. 그러나 box라는 말이 예상이나 평균을 암시하므로 thinking outside the box는 보통 사람이 생각하는 방식을 뛰어넘는다는 것을 나타냅니다. 이 말은 1980년대부터 쓰여 보통 비지니스 세계에서 자주 쓰입니다.

Ex. Don't look for an obvious answer. Try **thinking outside the box**.
뻔한 답을 찾지 마세요. 혁신적으로 생각해 보세요.

To survive in a hostile environment, you have to **think outside the box**.
불리한 환경에서 생존하려면 혁신적으로 생각해야 한다.

2. To rack one's brains out
to suffer by thinking about something

rack은 사람의 신체를 늘려서 참을 수 없는 고통을 주는 중세 시대의 고문 기구였습니다. 그래서 잊었던 어떤 것을 기억하려고 애쓰거나 어려운 문제를 푸는 것은 괴롭고 고통스러운 과정이라는 의미에서 이 표현이 사용되게 되었습니다. (1600년대)

Ex. I **racked my brains out** trying to remember where I had left my keys.
나는 내가 열쇠를 놓고 온 곳이 어딘지 기억하려고 머리를 쥐어짰다.

Don't **rack your brains out** over that problem. The answer is in the back of the book.
그 문제에 대해 너무 골똘히 생각하지 마라. 답은 책 뒤에 있다.

Chapter 16. *Back to the Drawing Board*

3. Two heads are better than one.
two people can do more than one person

이 속담은 이해하기가 아주 쉽습니다. 하나의 문제를 두 사람이 푸는 것은 한 사람보다 더 빠르기 때문입니다. 이 표현에서 head는 mind를 나타냅니다.

A : Bob says his wife's ideas have helped his business.
밥은 그의 아내의 아이디어가 사업에 도움이 된다고 하더군.
B : Well, **two heads are better than one**.
그렇지, 두 사람의 머리가 한 사람보다 낫겠지.

Why don't you ask Jimmy for advice? **Two heads are better than one.**
지미에게 조언을 구하는 게 어때? 두 사람의 머리가 한 사람보다 낫잖아.

4. To be on the same wavelength
to hold similar opinions

라디오 방송을 듣기 위해서는 청취자들은 주파수를 바르게 맞추어야 합니다. 라디오 방송 전파에 의해 많은 사람들이 서로 연결되듯이 어떤 사람들은 서로의 사고 방식에 의해 연결됩니다. 이러한 의미에서 마음이 맞는 사람들은 on the same wavelength라는 말로 표현하게 되었습니다. (1900년대 초반)

Floyd and I are not **on the same wavelength**. We're always disagreeing.
플로이드와 나는 서로 마음이 맞지 않는다. 우리는 항상 다툰다.

Rachel and I get along well. We are definitely **on the same wavelength**.
레이첼과 나는 잘 지낸다. 우리는 서로 아주 잘 통한다.

5. To pick someone's brains
to get ideas from someone

1800년대 중반부터 쓰인 이 표현은 동물 시체의 남은 것을 청소한다라는 의미입니다. 마치 새가 죽은 동물을 조금씩 조금씩 먹어치우듯이 사람들은 다른 사람의 두뇌에서 아이디어를 모읍니다.

Ex. Leo, could I **pick your brains** for a few minutes?
레오, 잠시 동안 네 머리를 빌려도 되겠니?

Thanks for letting me **pick your brains**, Fran. You gave me some excellent ideas.
나에게 너의 의견을 말해 주어서 고맙다, 플랜. 너는 나에게 아주 좋은 생각을 말해 주었어.

6. Brainwave
a new and innovative idea

뇌파는 뇌에 있는 전기 자극입니다. 우리가 생각을 할 때 뇌는 더 활동적이 되고 전기 자극은 강렬해집니다. 그러므로 갑자기 아이디어가 생각난 사람을 나타낼 때 have a brainwave라는 표현을 사용합니다. 이 표현은 긍정적으로 때로는 풍자적으로 쓰입니다.

Ex. Whose **brainwave** was it to put salt in the sugar bowl?
설탕 그릇에 소금을 넣은 것은 누구의 아이디어지?

Last night I had a **brainwave** and thought of a great way to save money.
지난 저녁에 나는 영감이 떠올라 돈을 절약하는 좋은 방법을 생각했다.

Chapter 16. *Back to the Drawing Board*

7. Rocket scientist
a genius (sometimes sarcastic)

실제 로켓을 만드는 과학자들은 수학, 공학, 그리고 물리학에 능통해야 합니다. 다시 말하면 그들은 아주 머리가 뛰어나야 한다는 말입니다. 그러나 rocket scientist는 구어체에서는 바보 같은 사람을 풍자적으로 묘사할 때 쓰이기도 하고 또한 이해하기 쉬운 일이나 개념을 나타낼 때 쓰이기도 합니다. 예를 들면 어느 책이 이해하기 쉽다면 당신은 "You don't have to be a rocket scientist to understand this book.(당신은 이 책을 이해하기 위해서 천재가 될 필요는 없다.)"이라고 말할 수 있습니다. 이 표현은 긍정적으로도 그리고 풍자적으로 쓰입니다.

> Walter is no **rocket scientist**, but he's still a great guy.
> 월터는 천재는 아니지만 여전히 좋은 사람이다.
>
> You don't have to be a **rocket scientist** to work at McDonald's.
> 네가 맥도날드에서 일하기 위해 천재가 될 필요는 없다.

8. Acid test
real test of the worth of something

19세기 과학자들은 금이 진짜인지를 알아보기 위해 특수한 화학 실험을 했습니다. 얼마 지나지 않아 사람들은 어떤 것의 가치를 결정하기 위해 하는 중대한 시도를 묘사할 때 acid test를 쓰기 시작했습니다.

> The economic crisis was the **acid test** for his presidency.
> 그 경제 위기는 그의 임기에 결정적인 시련이었다.
>
> The real **acid test** will be our profits at the end of the year.
> 그 엄격한 검사는 연말에 우리에게 이득이 될 것이다.

9. To put on one's thinking cap
to begin thinking about a problem

thinking cap은 아마도 불명예의 표시로 학교에서 열등아에게 씌우는 콘처럼 생긴 dunce cap의 반대말일 것입니다. 어떤 학생도 dunce cap을 써서 창피를 당하는 것을 원하지 않았습니다. 그래서 아마도 선생님들은 학생들에게 '진지하게 생각 좀 해라' 는 말을 비유적으로 thinking cap을 쓰라고 말했을 것입니다. 그 기원이 어떻든 간에 이 말은 1600년대의 considering cap과는 약간 다른 형태로 1800년대 후반부터 사용되었습니다.

Let's put on our **thinking caps** and find a solution.
우리 진지하게 검토해서 해결책을 찾자.

Put on your **thinking cap** and solve the riddle.
진지하게 생각해서 그 수수께끼를 풀어라.

10. To go back to the drawing board
to start from the beginning again

이 표현은 2차 세계 대전 당시에 The New Yorker magazine에 있는 만화에서 유래되었습니다. Peter Arno에 의해 그려진 그 연재 만화는 구조대가 비행기 추락 지점에 달려갔을 때 팔에 설계도를 끼고 부서진 비행기에서 걸어 나오는 비행기 디자이너를 묘사했습니다. 그리고 글씨로 "Well, back to the old drawing board.(음, 처음부터 다시 시작해야 되겠구먼.)" 라는 말이 써 있었습니다. 이 만화가 대중에게 알려진 후 이 표현은 계획에 따라 진행된 일이 실패한 것을 나타내는 일반적인 말이 되었습니다.

Edison had to **go back to the drawing** hundreds of times to invent the light bulb.
에디슨은 전구를 발명하기 위해 수백 번을 실패하고 다시 시작했다.

After the experiment failed, we **went back to the drawing board**.
그 실험이 실패한 후 우리는 처음부터 다시 시작했다.

Chapter 16. *Back to the Drawing Board*

Practice

다음 문장 속에 있는 이디엄은 잘못 쓰여진 것입니다. 바르게 고쳐 봅시다.

❶ My wife and I are not on the lame wavelength.

　Answer :

❷ Whose brainsave was it to feed the goldfish beer?

　Answer :

❸ We'll need to put down our thinking caps to resolve this issue.

　Answer :

❹ You don't have to be a rocket doctor to use this camera.

　Answer :

❺ I racked my brains in trying to remember his name.

　Answer :

❻ Can I pick out your brain for a few minutes?

　Answer :

❼ You must think outside from the box to create wealth.

　Answer :

❽ Real combat is the acid's test of being a soldier.

　Answer :

❾ Go back to the drawing bored and design this software again.

　Answer :

❿ I'll help you. Two heads are more than one.

　Answer :

▶정답과 해석은 198page에

Review

이탤릭 글자로 쓰여진 뜻의 이디엄을 골라 봅시다.

1. *Think hard* and you'll solve this equation.
   a. Become a rocket scientist
   b. Pick your brains
   c. Put on your thinking cap

2. It is important that business partners *hold similar viewpoints*.
   a. are on the same wavelength
   b. go back to the drawing board
   c. rack their brains out

3. Who is the *idiot* who put gasoline in this diesel engine?
   a. brainwave
   b. rocket scientist
   c. acid test

4. I think we will have to *start from the beginning again*.
   a. go back to the drawing board
   b. put on our thinking caps
   c. rack our brains out

5. I *thought hard about what the problem was*, but I didn't find an answer.
   a. was on the same wavelength
   b. said two heads were better than one
   c. racked my brains out

Chapter 16. *Back to the Drawing Board*

6. *You and I can solve this problem together.*

    a. Let's pick each other's brains.
    b. Two heads are better than one
    c. We don't have to be rocket scientists.

7. Jim wants to *get your thoughts* on this issue.

    a. pick your brains
    b. rack your brains
    c. think outside the box

8. Our team achieved a breakthrough by *being innovative and creative*.

    a. being on the same wavelength
    b. going back to the drawing board
    c. thinking outside the box

9. Edison's *brilliant idea* led to the birth of the light bulb.

    a. brainwave
    b. acid test
    c. wavelength

10. The speech *validated* his leadership.

    a. thought outside the box of
    b. was on the same wavelength of
    c. was the acid test of

▶정답과 해석은 198page에

정답과 해석

Practice

1. My wife and I are not **on the same wavelength**.
   내 아내와 나는 생각이 같지 않다.
2. Whose **brainwave** was it to feed the goldfish beer?
   금붕어에게 맥주를 주자는 것은 누구의 아이디어냐?
3. We'll need to **put on our thinking caps** to resolve this issue.
   우리는 이 문제를 해결하기 위해서 깊이 생각해야 한다.
4. You don't have to be a **rocket scientist** to use this camera.
   이 카메라를 사용하기 위해서 너는 천재가 될 필요는 없다.
5. I **racked my brains out** trying to remember his name.
   나는 그의 이름을 기억해 내려고 머리를 짜냈다.
6. Can I **pick your brain** for a few minutes?
   내가 잠시 동안 너의 머리를 빌릴 수 있을까?
7. You must **think outside the box** to create wealth.
   너는 부자가 되려면 혁신적인 방법으로 생각해야 한다.
8. Real combat is the **acid test** of being a soldier.
   실제 전투는 군인이 되는 하나의 엄밀한 시험이라 할 수 있다.
9. **Go back to the drawing board** and design this software again.
   처음부터 다시 시작해서 이 소프트웨어를 다시 고안해라.
10. I'll help you. **Two heads are better than one**.
    내가 도와줄게. 두 사람의 머리가 한 사람보다 낫겠지.

Review

1. (c) 열심히 생각하면 이 방정식을 풀 수 있을 거야.
2. (a) 비지니스 파트너가 비슷한 생각을 갖는다는 것은 중요하다.
3. (b) 디젤 엔진에 가솔린을 넣은 바보는 누구냐?
4. (a) 나는 우리가 처음부터 다시 시작해야만 한다고 생각한다.
5. (c) 나는 그 문제가 무엇인지 골똘히 생각했지만 답을 찾을 수가 없었다.
6. (b) 너와 나는 이 문제를 같이 풀 수 있다.
7. (a) 짐은 이 문제에 대해 너의 생각을 알고 싶어한다.
8. (c) 우리 팀은 혁신적이고 창조적인 방법으로 돌파를 이루어 냈다.
9. (a) 에디슨의 기막힌 착상이 전구의 탄생을 이끌어 냈다.
10. (c) 그 연설은 그의 리더십을 입증했다.

Chapter 17

Highway Robbery (터무니없는 가격)
Theme : Crime (주제 : 범죄)

Warm Up

1. Do you enjoy shopping? Why or why not?
2. Has a store clerk ever been rude to you?
3. What do you think of sales people who pressure customers to buy things?

    1. 당신은 쇼핑을 즐기십니까? 즐기는 이유와 즐기지 않는 이유는 무엇인가요?
    2. 상점 점원이 당신에게 무례하게 대한 적이 있습니까?
    3. 강제로 물품을 사라고 강매하는 사람에 대해 어떻게 생각하십니까?

Reading

다음은 상점에 대해 불만이 많은 고객에 대한 이야기입니다.

Some storeowners belong **behind bars**. They will say things like, "This is a **real steal**, you'll save lots of money," but in fact their prices are **highway robbery**. **By hook or by crook**, they will try to **rip you off**.

Last week, I went to the mall to look for a new CD player. As soon as I walked into Joe's Electronics Shop, three salesmen **ganged up on** me and tried to sell me an expensive model. I told them I wasn't interested, but they kept trying to **shove it down my throat**. Worse yet, when I started leaving, one salesman **shouted blue murder** at me. Talk about **biting the hand that feeds you**!

I've decided that I am not going to let such people **get away with murder**. I'm going to tell everyone I know not to shop at Joe's Electronics.

Chapter 17. *Highway Robbery*

해석

몇몇 상점 주인들은 감옥에 가야 한다. 그들은 "이것은 정말 싼 겁니다. 당신은 많은 돈을 절약하게 되는 거죠"라고 말하지만 실제로는 그 가격들은 터무니없이 비싸다. 어떻게 해서든지 그들은 당신에게 바가지를 씌울 것이다.

지난 주에 나는 CD 플레이어를 사기 위해 상점에 갔다. 내가 조의 전자 상점에 들어가자마자 판매원 3명이 떼지어 몰려와서 나에게 비싼 모델을 강제로 팔려고 했다. 나는 관심없다고 말을 했지만 그들은 계속 물건을 사라고 강요했다. 더 기분 나쁜 것은 내가 가려고 하자 한 판매원이 나에게 큰 소리를 질렀다. 물건을 사려는 사람에게 이런 식으로 대하다니!

나는 그렇게 나쁜 짓만 하고 벌 받지 않는 사람들은 가만 놔두지 않을 것이다. 나는 내가 아는 모든 사람에게 조의 전자 상점에 가지 말라고 말할 것이다.

Vocabulary

1. behind bars	옥중에(서)
2. a real steal	아주 싼 가격
3. highway robbery	터무니없는 가격
4. by hook or by crook	어떻게 해서라도
5. to be ripped off	바가지를 쓰다
6. to gang up on someone	떼지어 협박하거나 공격하다
7. to shove s.t. down s.o.'s throat	어떤 것을 받아들이라고 강요하다
8. to shout blue murder	비명을 지르다
9. to bite the hand that feeds you	은혜를 원수로 갚다
10. to get away with murder	(나쁜 짓을 하고) 벌을 면하다

Origins & Examples

1. Behind bars
in jail

죄수들은 창살로 둘러싸인 특수한 방에 감금됩니다. 그래서 창살 뒤에(behind bars) 있는 사람들은 감옥에 있는 것이 됩니다.

 Violent people belong **behind bars**.
폭력을 저지른 사람은 감옥에 간다.

Joe was **behind bars** for more than twenty years.
조는 20년이 넘게 감옥에 있었다.

2. A real steal
a bargain

도둑들은 물건값을 지불하지 않습니다. 단지 그들이 원하는 것을 훔칠 뿐이죠. 훔친 물건은 지불하지 않는 것이므로 a real steal은 아주 좋은 것을 거의 공짜와 같이 싸게 파는 것을 나타냅니다.

 This laptop is a **real steal**. It's 40 per cent off!
이 휴대용 컴퓨터는 정말 싸다. 40퍼센트나 싸게 판다.

The bargain furniture sale had some **real steals**.
특가품 가구 세일에는 정말 싼 것들이 좀 있었다.

Chapter 17. *Highway Robbery*

3. Highway robbery
very expensive

옛날 유럽에서 여행자들이 대로에서 강도를 당하는 것은 꽤 일반적인 일이었습니다. 그러나 1800년대 후반부터 이 표현은 가격이 지나치게 비싼 상품을 표현하는 말이 되었습니다.

Lawyers' fees are **highway robbery**.
변호사를 쓰는 비용은 아주 비싸다.

The price we paid for those concert tickets was **highway robbery**.
우리가 콘서트 티켓에 지불한 가격은 아주 비쌌다.

4. By hook or by crook
by any means possible

hook는 어떤 것을 잡거나, 끌거나, 매달거나, 묶거나 할 때 사용되는 날카롭게 구부러진 기구입니다. crook도 hook와 유사한 도구입니다. 그래서 여러분이 hook나 crook을 사용하면 여러분이 얻으려 하는 것이 어떤 것이든 간에 그것을 잡을 수 있을 겁니다. 그러므로 by hook or by crook은 목표를 달성하기 위해 할 수 있는 모든 수단을 사용하려는 사람을 나타낼 때 쓰이는 표현입니다.

I'll win that tennis match **by hook or by crook**!
나는 어떻게 해서든지 그 테니스 시합에서 이길 것이다.

He decided to win the election **by hook or by crook**.
그는 어떻게 해서든지 그 선거에서 승리할 것을 결심했다.

203

5. To be ripped off
to pay too much for something

rip off는 1960년대에 아프리카계 미국인 사회에서 유래되었습니다. rip은 보통 '잡아 찢는다, 분리한다' 라는 뜻입니다. 그래서 rip off는 벽이나 선반, 또는 카운터에서 빠르게 잡아채는 것이라는 느낌을 낳게 하여 '바가지를 쓰다' 라는 표현이 되었습니다.

Ex. I was **ripped off** by the jeweler. The ring had a fake diamond.
나는 보석상에게 바가지를 썼다. 그 반지는 가짜 다이아몬드였다.

The mechanic **ripped** me **off** and charged me for a part I didn't need.
그 정비사는 바가지를 씌워 내가 필요없는 부분까지 고쳐서 청구했다.

6. To gang up on someone
to intimidate or attack someone in a group

gang은 서로를 보호하고 이익을 위해서 함께 뭉쳐 다니는 범죄자들이나 폭력배 집단입니다. 그러므로 gang up은 상대에게 대항하기 위해 조직된 그룹을 나타낼 때 쓰입니다.

Ex. The schoolboys **ganged up** on Peter and beat him up.
그 남학생들은 피터에게 우르르 몰려가 그를 때렸다.

The workers **ganged up** on management and demanded a pay increase.
근로자들은 경영자에게 몰려가 임금 인상을 요구했다.

Chapter 17. *Highway Robbery*

7. To shove something down someone's throat
to force someone to accept something

받아들이기 어려운 말은 삼키기도 어렵습니다. 그래서 shove something down someone's throat는 목구멍에 어떤 것을 밀어 넣는다라는 뜻이므로 '어떤 것을 받아들이라고 강요하다' 라는 표현이 됩니다.

It seems that the government is always trying to **shove** new taxes **down our throats**.
정부는 항상 새로운 세금을 내라고 강요하는 것처럼 보인다.

I don't like Sean. He constantly tries to **shove** his political views **down my throat**.
나는 신을 좋아하지 않는다. 그는 끊임없이 그의 정치적인 소견을 나에게 강요한다.

8. To shout blue murder
to protest noisily

shout blue murder의 blue는 blue in the face라는 관용구에서 나왔을 것입니다. blue in the face는 우리가 소리지르거나 비명을 지를 때 산소가 결핍되어 피부가 파래지는 것을 보고 나온 표현입니다. 그래서 비명을 지르거나 큰일이 났다고 소리를 지르는 것을 나타낼 때 shout blue murder라는 표현을 사용합니다.

The union **shouted blue murder** when the company announced more layoffs.
노조는 회사가 해고가 더 있을 거라고 발표하자 격렬하게 항의했다.

Tommy **shouted blue murder** when the teacher took away his toy.
토미는 선생님이 그의 장난감을 치우자 소리를 마구 질렀다.

205

9. To bite the hand that feeds you
to harm the person who supports you

비록 이 표현이 영어로는 1711년에 처음으로 사용되었지만 그리이스 시인 Sappho는 기원전 600년 전에 이 말을 사용했습니다. 이 표현은 주인의 손을 무는 개와 자기에게 도움을 준 사람에게 배은망덕하게 대하는 사람을 비교하고 있습니다.

 Don't complain about your parents! You shouldn't **bite the hand that feeds you**.
부모님에 대해 불평하지 말아라. 너는 키워 준 은혜에 배은망덕하면 안 된다.

You are **biting the hand that feeds** you by criticizing your boss.
너의 상사를 비난하는 것은 은혜를 원수로 갚는 것이다.

10. To get away with murder
to do something bad and not get caught

의도적으로 사람의 목숨을 빼앗는 살인은 가장 심각한 범죄입니다. 또한 이런 못된 짓을 하고 필사적으로 도망가는 사람은 잡기가 어렵습니다. 그러므로 get away with murder는 잘못을 저지르고도 잡히거나 벌을 받지 않는 것을 의미하게 되었습니다. (1900년대 초반)

 Since Veronica is the teacher's favorite student, she **gets away with murder**.
베로니카는 선생님이 가장 좋아하는 학생이어서 그녀는 잘못을 저질러도 벌을 받지 않는다.

Brian is so misbehaved because his parents let him **get away with murder**.
브라이언은 그의 부모님이 그가 잘못을 저질러도 꾸짖지 않아서 아주 품행이 좋지 못하다.

Chapter 17. *Highway Robbery*

Practice

바른 문장이 되도록 괄호 안에 알맞은 단어를 써 넣으세요.

❶ My brother gets (   ) with murder at home.

❷ Don't shove your beliefs (   ) my throat.

❸ At half price, these clothes are a real (   ).

❹ Will you three stop ganging (   ) on me?

❺ The judge put the murderer (   ) bars for life.

❻ If you ask me, the prices at this store are (   ) robbery!

❼ By (   ) or by crook, I will be president one day.

❽ The storeowner shouted (   ) murder when he caught Billy stealing candy.

❾ Don't talk back to me! You're biting the (   ) that feeds you.

❿ The salesman ripped me (   ).

▶정답과 해석은 210page에

207

Review

이탤릭 글자로 쓰여진 뜻의 이디엄을 골라 봅시다.

1. You paid $100 for that shirt? That's *too expensive*!

    a. a real steal
    b. blue murder
    c. highway robbery

2. That man should be put *in jail*.

    a. by hook or by crook
    b. behind bars
    c. down his throat

3. I recommend you buy this CD player. It's *quite cheap*.

    a. a real steal
    b. a rip off
    c. behind bars

4. Jeff *is never held accountable for his misdeeds*.

    a. shouts blue murder
    b. gets away with murder
    c. belongs behind bars

5. The thugs *gathered around and attacked* the tourist.

    a. got away with murdering
    b. ganged up on
    c. shouted blue murder at

Chapter 17. *Highway Robbery*

6. I will get that job *by whatever means possible*.

   a. by hook or by crook
   b. shoving it down your throat
   c. ripping you off

7. The baby *screamed* when the stranger entered the room.

   a. ganged up
   b. bit the hand that feeds you
   c. shouted blue murder

8. I think you are trying to *deceive me and take my money*.

   a. make a highway robbery
   b. rip me off
   c. do a real steal

9. Prof. Palmer always *forces students to adopt his political views*.

   a. shoves his political views down students' throats
   b. by hook or by crooks students
   c. gangs up on students

10. Treat customers with respect. Don't *hurt those who help you*.

   a. get away with murder
   b. put them behind bars
   c. bite the hand that feeds you

▶정답과 해석은 210page에

정답과 해석

Practice
1. away
   내 형은 집에서 잘못을 저질러도 벌을 받지 않는다.
2. down
   너의 믿음을 나에게 강요하지 말아라.
3. steal
   반값이라니, 이 옷들은 정말 싸다.
4. up
   당신들 세 사람은 떼지어 내게 항의하는 것을 그만해 주겠어요?
5. behind
   판사는 그 살인자를 평생 동안 감옥에 있게 했다.
6. highway
   내게 물었으니 말하는데 이 상점의 가격은 엄청 비싸다!
7. hook
   어떻게 해서든지 나는 언젠가는 대통령이 될 것이다.
8. blue
   그 상점 주인은 빌리가 캔디를 훔치는 것을 보고 큰 소리를 질렀다.
9. hand
   말대꾸하지 마라. 너는 배은망덕한 사람이다.
10. off
    그 판매원은 나에게 바가지를 씌웠다.

Review
1. (c) 그 셔츠에 100달러를 지불했다고? 너무 비싸다!
2. (b) 그 남자는 감옥에 가야만 했다.
3. (a) 나는 너에게 이 CD플레이어를 추천한다. 이것은 아주 싸다.
4. (b) 제프는 잘못을 하고도 책임을 지지 않는다.
5. (b) 그 괴한들은 여행자 주위로 몰려들어 공격을 했다.
6. (a) 나는 어떻게 해서든지 그 일을 얻을 것이다.
7. (c) 그 아기는 낯선 사람이 들어오자 소리를 질렀다.
8. (b) 나는 네가 나를 속여서 내 돈을 뺏으려 한다고 생각한다.
9. (a) 팔머 교수는 항상 학생들에게 그의 정치적인 소견을 강요한다.
10. (c) 존경심을 가지고 고객을 대해라. 너를 도와주는 사람의 기분을 상하게 하면 안 된다.

Chapter 18

A Pig in a Poke (결함이 있는 물건)
Theme : Rural life (주제 : 전원 생활)

Warm Up

1. Do you ever buy things without thinking?
2. Are you skilled at getting refunds?
3. Are you a good problem solver?

      1. 당신은 생각 없이 물건을 산 적이 있습니까?
      2. 당신은 능숙하게 환불을 할 수 있습니까?
      3. 당신은 문제가 생겼을 때 잘 해결합니까?

Reading

다음은 문제 있는 중고차를 사서 피해를 봤다는 이야기입니다.

Gina : How is that used car you bought, Alice?
Alice : Not good! I really **bought a pig in a poke** by not test driving it. It's **gone haywire** and won't start. I should have compared a few cars and **separated the wheat from the chaff**.
Gina : Why don't you talk to the salesman you bought it from?
Alice : I tried to. He seemed so nice when I was buying the car, but he turned out to be a **wolf in sheep's clothing**. He's **as stubborn as a mule** and won't give me my money back. I've been running around **like a chicken with its head cut off**, wondering what to do.
Gina : I think you should just **take the bull by the horns** and talk with the manager. It might be a **tough row to hoe**, but I think you'll get a refund.
Alice : I met the manager, but he gave me a **cock and bull story** that no refunds are possible.
Gina : I guess **your goose is cooked**.
Alice : You might be right.

Chapter 18. *A Pig in a Poke*

지나 : 앨리스, 네가 산 그 중고차 어때?
앨리스 : 안 좋아. 나는 시운전도 하지 못해서 아주 좋지 않을 것을 샀어. 고장나서 출발도 잘 안 돼. 나는 차를 몇 대 비교해 보고 좋은 차를 골랐어야 했는데 말이야.
지나 : 너에게 차를 판 사람에게 얘기해 보지 그래?
앨리스 : 시도해 봤지. 그는 내가 차를 살 때는 아주 친절하게 대했지만 양가죽을 쓴 늑대였어. 그는 당나귀처럼 고집을 부리면서 내 돈을 돌려주지 않는 거야. 나는 정신 없는 닭처럼 주위를 돌며 어쩔 줄을 몰라 했지.
지나 : 나는 네가 매니저와 직접 부딪쳐서 결정을 내야 한다고 생각해. 어렵고 힘든 일일지 모르지만 너는 환불을 받을 수 있을 거야.
앨리스 : 매니저도 만나 봤지만 그는 엉뚱한 말만 하고 환불은 불가능하다는 거야.
지나 : 그럼 끝난 것이네.
앨리스 : 그래, 네 말이 맞는 것 같다.

Vocabulary

1. to buy a pig in a poke	결함이 있는 물건을 사다
2. to go haywire	고장나다, 흥분하다
3. to separate the wheat from the chaff	좋은 것과 나쁜 것을 구분하다
4. wolf in sheep's clothing	양가죽을 쓴 늑대
5. as stubborn as a mule	아주 고집 센
6. like a chicken with its head cut off	혼란스럽고 정신없는 모습으로
7. to take the bull by the horns	용감하게 난국에 맞서다
8. a tough row to hoe	어렵고 힘든 일
9. cock and bull story	황당무계한 이야기
10. Your goose is cooked.	기회나 희망이 없다.

Origins & Examples

1. To buy a pig in a poke
to buy a flawed product

이 말이 나온 유래는 돼지를 주머니(poke)나 마대에 팔던 시대로 거슬러 올라갑니다. 장터에서 정직하지 못한 사람은 돼지 대신에 새끼 고양이를 넣어 팔았기 때문에 사는 사람은 주머니의 내용물을 주의 깊게 살펴야 했습니다. 바보처럼 주머니 속의 내용물을 잘 살피지 못한 사람은 엉터리 물건을 사게 되는 것입니다.

Ex. Don't buy a used car over the phone. You might be **buying a pig in a poke**.
전화로 중고차를 사지 말아라. 말썽 많은 차를 살지도 모른다.

Shopping on-line is like **buying a pig in a poke**.
전화로 물건을 사는 것은 주머니 속에 돼지를 사는 것과 같다.

2. To go haywire
to stop working properly

이 표현은 19세기 뉴 잉글랜드에서 나왔습니다. 벌목장에서 일하는 노동자들은 건초로 만든 끈으로 간단하게 기계를 수리하곤 했습니다. 그러나 이렇게 습관적으로 건초로 만든 끈을 이용하는 캠프는 임시변통으로 작업을 한다 하여 haywire outfit(건초끈 집단)라 불리며 좋지 않게 비추어졌습니다. 그래서 건초끈(haywire)은 불완전하게 계획된 사업이나 작업에 적용되었고 1930년대에는 불량 장치나 정신적으로 불안전한 사람을 나타내는 데에도 쓰이게 되었습니다.

Ex. My computer **went haywire** and I lost all my data.
내 컴퓨터는 제대로 작동하지 않아서 나는 모든 데이터를 날렸다.

The freezer has **gone haywire** and everything is melting.
냉동고가 제대로 작동하지 않아서 모든 것이 다 녹았다.

Chapter 18. *A Pig in a Poke*

3. To separate the wheat from the chaff
to take the good from the bad

키질은 밀의 낟알(grains of wheat)을 다른 부분에서 분리하는 작업입니다. 그것은 밀을 던져서 바람에 의해 겨(chaff), 즉 불필요한 부분을 제거하는 것이죠. 그러므로 이 표현은 바라지 않은 어떤 것에서 바라는 것을 분리하는 행동을 나타내는 데 쓰입니다.

Ex. It's important **to separate the wheat from the chaff** when you hire workers.
당신이 직원을 고용할 때 옥석을 가리는 것은 중요하다.

To meet the right husband you will have **to separate the wheat from the chaff**.
좋은 남편을 만나기 위해서는 너는 옥석을 잘 가려야 할 것이다.

4. Wolf in sheep's clothing
a person whose appearance is deceptive

그리스의 이야기 작가 이솝은 변장해서 양 떼를 속이는 교활한 늑대에 대한 이야기를 썼습니다. 기원전 6세기에 쓰여진 이 이야기는 겉으로는 좋아 보이지만 속마음은 사악한 사람들을 조심해야 한다고 경고하고 있습니다. 성경에서도 "Watch out for false prophets. They come to you in sheep's clothing, but inwardly they are ferocious wolves.<Matthew 7:15>(거짓 예언자를 조심해라. 그들은 양의 탈을 쓰고 있지만 속은 흉폭한 늑대다.)"라는 유사한 말이 있습니다.

 I think he's **a wolf in sheep's clothing**. I wouldn't trust him.
나는 그가 양가죽을 쓴 늑대라고 생각한다. 나는 그를 믿지 않는다.

Jan's new boyfriend seemed nice, but he was **a wolf in sheep's clothing**.
잔의 새 남자 친구는 좋아 보이지만 그는 양가죽을 쓴 늑대이다.

5. As stubborn as a mule
very obstinate

당나귀(mule)는 고집 센 동물로 알려져 있습니다. 그래서 자연적으로 고집 센 사람은 당나귀처럼 고집이 세다라는 말로 묘사됩니다.

Grandpa won't listen to anyone. He's **as stubborn as a mule**.
할아버지는 누구의 말도 귀를 기울이지 않으실 거다. 아주 고집이 쎄시다.

Bertha is **as stubborn as a mule**, so I really doubt she'll change her mind.
버서는 아주 고집이 쎄서 나는 그녀가 마음을 바꿀 것이라고 생각하지 않는다.

6. Like a chicken with its head cut off
in a confused and frantic fashion

닭의 머리를 칼로 내려치면 몸뚱아리는 닭이 죽기전에 미친듯이 몸부림을 칩니다. 그래서 혼돈스럽거나 정신을 못 차리는 사람을 묘사할 때 이 표현을 씁니다.

Why are you running around **like a chicken with its head cut off**?
너는 왜 정신 없는 닭처럼 뛰어 돌아다니니?

After Burt lost his wallet, he wandered around **like a chicken with its head cut off**.
버트는 그의 지갑을 잃어버린 후 정신 없는 닭처럼 헤매고 돌아다녔다.

Chapter 18. *A Pig in a Poke*

7. To take the bull by the horns
to directly confront a problem

이 말은 황소의 뿔(the horns of a bull)을 잡고 황소를 쓰러뜨리는 투우사를 비유해서 나온 표현입니다. 일반적으로 투우사는 카파(망토)를 솜씨 좋게 흔들고 황소를 우아하게 피하면서 황소를 공격합니다. 그러나 황소의 뿔을 잡는 것은 황소에 직접적으로 맞서는 것이 됩니다.

Ex. I **took the bull by the horns** and asked my boss for a raise.
나는 당당히 맞서 내 상사에게 월급을 올려 달라고 요구했다.

I think it's time for you to **take the bull by the horns** and ask Cindy to marry you.
나는 네가 당당히 맞서 신디에게 청혼해야 할 때라고 생각한다.

8. A tough row to hoe
a difficult or arduous task

크고 넓은 밭의 긴 열(row)에서 괭이질하는(hoe) 사람은 힘들고 어려운 일을 하는 것입니다. 마찬가지로 누군가가 인생에서 복잡한 문제를 마주쳤을 때 우리는 그 사람이 괭이질하기 힘든 긴 열을 가지고 있다라고 말합니다. John Russell Bartlett이 1848년에 그의 미국 어법 사전에 a hard row to hoe라고 기록한 데에서 유래되었습니다.

Ex. Raising three children is **a tough row to hoe**.
세 자녀들을 기르는 것은 어렵고 힘든 일이다.

"Being married is **a tougher row to hoe** than being single," said Larry.
래리는 "결혼하는 것은 혼자 사는 것보다 더 힘들고 어려운 일이다."라고 말했다.

9. Cock and bull story

an absurd explanation or excuse

　이 표현에 대한 한 가지 가설은 옛날 영국에 Stony Stratford라고 불리는 마을에 The Cock과 The Bull이라는 선술집이 있었습니다. 손님들은 한 술집에서 다른 술집으로 옮겨 다니면서 이야기를 했고 그들의 이야기는 술을 마시면서 더 과장되었습니다. 그러나 이 표현이 여기에서 유래되었다는 명확한 증거는 없습니다.

　더 그럴듯한 이야기는 한때 유럽에서 유명했던 동물과의 대화를 다룬 고대 우화와 연관이 있었습니다. John Day가 1608년에 cock and bull이라는 말을 Law-trickes or Who Would Have Thought It라고 불리는 희곡에 처음으로 소개했습니다.

I don't believe your **cock and bull story** that a dog ate your homework.
나는 개가 너의 과제물을 먹었다는 그 황당무계한 말을 믿지 않는다.

An alien abducted you? What kind of **cock and bull story** are you telling me now?
외계인이 너를 납치했다고? 무슨 엉뚱한 소리를 지금 나에게 하는 거니?

10. Your goose is cooked.

You have no further options.

　이 표현이 처음으로 사용된 것은 1845년경이었는데 명확한 기원은 알려지지 않았습니다. 이 표현이 거위가 요리된 것을 보여 주기 위해 한 마을에서 전시했다는 비현실적인 이론이 있기는 하지만 이 말을 뒷받침하는 증거나 다른 이론은 발견되지 않았습니다.

I didn't study at all for this exam. **My goose is cooked**!
나는 이번 시험에 전혀 공부를 하지 못했다. 완전히 망쳤다.

You were dating John's girlfriend? **Your goose is cooked** if he finds out!
네가 존의 여자친구와 데이트를 했다고? 존이 안다면 너는 끝장이다.

Chapter 18. *A Pig in a Poke*

Practice

이디엄이 올바르게 쓰였다면 T, 그렇지 않다면 F에 동그라미를 치세요.

❶ My grandfather is as stubborn as a mule. He's very open-minded.
   T/F

❷ The dishwasher has gone haywire. Call the repairman.
   T/F

❸ Your new boyfriend is a wolf in sheep's clothing. I really like him.
   T/F

❹ A weak man will usually take the bull by the horns when he has a problem.
   T/F

❺ As Lou is honest and trustworthy, he often tells cock and bull stories.
   T/F

❻ Taking a taxi is a tough row to hoe for most people.
   T/F

❼ You bought a pig in a poke by purchasing that used stereo.
   T/F

❽ Separating the wheat from the chaff will make your team lose more games.
   T/F

❾ If my wife catches me with my girlfriend my goose is cooked!
   T/F

❿ Joe ran around like a chicken with its head cut off. He was totally confused.
   T/F

▶정답과 해석은 222page에

Review

이탤릭 글자로 쓰여진 뜻의 이디엄을 골라 봅시다.

1. If you want to divorce her *confront your problem* and just do it!
 a. take the bull by the horns
 b. buy a pig in a poke
 c. separate the wheat from the chaff

2. *You are in big trouble!*
 a. You've gone haywire!
 b. You're as stubborn as a mule.
 c. Your goose is cooked!

3. Aunt Bertha is *an obstinate person*.
 a. like a chicken with its head cut off
 b. as stubborn as a mule
 c. a tough row to hoe

4. Why are you wandering around *looking so confused*?
 a. like a pig in a poke
 b. like a cock and bull story
 c. like a chicken with its head cut off

5. Don't *lie*!
 a. give me that cock and bull story
 b. take the bull by the horns
 c. separate the wheat from the chaff

Chapter 18. *A Pig in a Poke*

6. A series of tests and interviews will help us *determine who is best for the job*.

      a. take the bull by the horns
      b. make a tough row to hoe
      c. separate the wheat from the chaff

7. The man *appeared kind but was actually quite cruel*.

      a. was a wolf in sheep's clothing
      b. went haywire
      c. gave a cock and bull story

8. Becoming an astronaut is a *challenging task*.

      a. tough row to hoe
      b. cooked goose
      c. wolf in sheep's clothing

9. My car has *broken down* again.

      a. a tough row to hoe
      b. gone haywire
      c. become a wolf in sheep's clothing

10. That motorcycle he bought is *worthless*.

      a. a pig in a poke
      b. a cooked goose
      c. a chicken with its head cut off

▶정답과 해석은 222page에

정답과 해석

Practice
1. F. 할아버지는 고집이 쎄시다. 아주 포용력이 있으시다.
2. T. 접시 닦는 기계가 고장이 났다. 수리공을 불러라.
3. F. 너의 새 남자 친구는 양의 탈을 쓴 늑대이다. 나는 그를 너무 좋아한다.
4. F. 유약한 사람은 어떤 문제에 직면할 때 당당히 맞설 것이다.
5. F. 루는 정직하고 믿을 만하지만 그는 종종 황당한 이야기를 한다.
6. F. 택시를 타는 것은 대부분의 사람들에게는 어렵고 힘든 일이다.
7. T. 너는 결함이 있는 중고 스트레오를 샀다.
8. F. 좋은 선수를 뽑는 것은 너의 팀을 더 많은 패배로 이끌 것이다.
9. T. 내 아내가 내가 여자와 있는 것을 본다면 나는 완전히 끝장이다.
10. T. 조는 정신 없는 닭처럼 뛰어다녔다. 그는 완전히 혼란스러운 상태다.

Review
1. (a) 당신이 그녀와 이혼하기를 원한다면 당당히 맞서서 해 봐요!
2. (c) 너는 큰 곤경에 빠졌다.
3. (b) 버서 숙모는 고집이 센 사람이다.
4. (c) 너는 왜 혼란스럽게 이리저리 헤매고 다니니?
5. (a) 거짓말하지 마라.
6. (c) 일련의 시험과 면접은 우리가 그 일에 누가 적합한지 결정하는 데 도움을 줄 것이다.
7. (a) 그 남자는 친절해 보이지만 실제로는 아주 무례하다.
8. (a) 우주비행사가 되는 것은 어렵고 힘든 일이다.
9. (b) 내 차가 또 고장이 났다.
10. (a) 그가 산 오토바이는 쓸모가 없다.

Chapter 19

Woe is Me! (정말 슬프다!)
         Theme : Shakespeare (주제 : 셰익스피어)

Warm Up

1. Do you understand the opposite sex well?
2. Do you ever see couples and wonder why they are together?
3. Have you ever felt used by someone?

    1. 당신은 이성을 잘 이해합니까?
    2. 당신은 왜 함께 사는지 이해가 잘 안되는 커플을 본 적이 있습니까?
    3. 누군가에게 이용당한다는 느낌을 받은 적이 있습니까?

Reading

다음은 남자에 대해 미스터리하게 생각하는 여자의 이야기입니다.

Men are a mystery to me. One day a man will tell you he'll love you forever, but then the next day he'll say "**good riddance**" and **melt into thin air**.

My last boyfriend, Joe, lived with me for almost two years. All my friends advised me to break up with him. He wasn't attractive, had no job and was **eating me out of house and home**. When I kept living with him anyway, everyone said, "**Love is blind**!"

I resented my friends for their comments, but later I wished I had listened to their advice. As soon as Joe found a job, he left me. "**The world is my oyster** now! There's so much I want to do with my life," he suddenly announced.

I was devastated. I **didn't sleep a wink** and cried for weeks after he walked out. "**What the dickens** is going on?" I wondered. "I thought he loved me! Oh, **woe is me**!"

How a person could use another person like Joe did to me, I'll never know. As hard as I have tried to understand him, **it's all Greek to me**. But, whatever! **What's done is done**. I'm just lucky we broke up sooner rather than later.

Chapter 19. *Woe is Me*

해석

　　남자들은 나에게 미스터리이다. 어느 날 한 남자가 당신에게 당신을 영원히 사랑한다고 말하지만 그 다음날 그는 "귀찮은 사람을 떼어 내서 시원하군." 하면서 갑자기 사라질 것이다.

　　내 마지막 남자 친구 조는 거의 2년 동안 나와 함께 살았다. 나의 친구들 대부분은 그와 헤어지라고 나에게 충고했다. 그는 매력적이지도 않고 직업도 없으며 성가신 존재였다. 어쨌든 내가 그와 함께 살고 있을 때 모든 사람이 "사랑에 눈이 멀었다."라고 말했다.

　　나는 내 친구들의 말에 화가 났지만 나중에는 그들의 충고를 받아들이지 않은 것을 후회했다. 조는 직업을 얻자마자 나를 떠났다. "지금 나는 원하는 모든 것을 할 수 있다. 내 인생에서 내가 하고 싶은 일들이 너무 많아."라고 갑자기 말하면서.

　　나는 망연자실했다. 나는 그가 떠난 후 몇 주 동안 잠도 이루지 못하며 울었다. "도대체 어떻게 된 거야? 나는 그가 나를 사랑한다고 생각했는데. 아 정말 슬프다!"라고 의아해 했다.

　　어떻게 사람이 조가 나에게 했던 것처럼 다른 사람을 이용할 수 있는지 나는 잘 모르겠다. 아무리 내가 그를 이해하려고 애를 써도 전혀 이해가 안 된다. 어쨌든 간에 과거는 되돌릴 수 없다. 나는 그와 같은 사람과 더 늦지 않게 헤어져서 다행이다.

Vocabulary

1. Good riddance.	귀찮은 것을 떼어 내서 시원하다
2. to melt into thin air	갑자기 사라지다
3. to eat someone out of house and home	성가신 존재가 되다, 재산을 탕진하다
4. Love is blind.	사랑은 맹목적이다.
5. The world is my oyster!	원하는 것은 뭐든지 할 수 있다
6. to not sleep a wink	전혀 잠을 못 이루다
7. what the dickens	도대체
8. Woe is me!	정말 슬프다
9. It's all Greek to me!	전혀 이해가 안 된다
10. What's done is done.	과거는 되돌릴 수 없다

Origins & Examples

1. Good riddance.
I'm glad you're gone.

Good riddance!는 어떤 사람의 떠남을 기뻐하는 일반적인 표현입니다. A good riddance는 'Troilus and Cressida'에서 보기 흉한 그리스인인 Thersites가 방에서 나갔을 때 Patroclus가 한 말입니다. *Troilus and Cressida*는 엘리자베스 시대에 쓰여졌지만, 고대 그리스가 트로이와 전쟁을 했던 트로이 전쟁을 배경으로 하고 있습니다.

 When Julie quit we all said, **"Good riddance!"**
줄리엣이 그만두었을 때 우리 모두는 "잘 가버렸다."라고 말했다.

Say **"good riddance"** to acne and use Clearasil.
피부병에게 "잘 없어졌다"라고 말하고 Clearasil을 사용해라.

2. To melt into thin air
to suddenly disappear

이 말은 *The Tempest*에서 Prospero가 완전히 사라져 버린 영혼에 대해 이야기하는 부분에서 나왔습니다. 제임스 1세 때 처음 공연되었던 Tempest는 유럽인들의 신대륙 탐험에 대해 세익스피어가 쓴 글이었습니다.

 The shoplifter had **melted into thin air** by the time the police arrived.
경찰이 도착했을 때 좀도둑은 사라지고 없었다.

You always **melt into thin air** when it's time to do the dishes!
너는 설거지를 할 때면 항상 사라지더라.

Chapter 19. *Woe is Me*

3. To eat someone out of house and home
to be a burdensome guest

아이나 손님이 너무 많이 먹는 것은 그 집의 사람들에게는 부담이 됩니다. 그래서 그 가족들은 그들이 성가신 존재(being eaten out of house and home)라고 불평합니다. 그러나 이 표현이 셰익스피어의 *King Henry the Fourth*에서 나왔다는 것을 아는 미국인들은 거의 없습니다.

 My St. Bernard dog is **eating me out of house and home**.
St. Bernard 종인 내 개는 정말 성가신 존재다.

Why don't you get a job, Ken? You're **eating us out of house and home**!
일을 갖는 게 어때, 켄? 너는 우리 재산을 탕진하고 있어!

4. Love is blind.
People do not see loved ones' flaws.

오늘날에도 쓰이고 있는 Love is blind는 셰익스피어의 몇몇 작품에서 볼 수 있습니다. 예를 들어 *The merchant of Venice*에서 Lorenzo와 결혼하기 위해 자기 아버지 Shylock을 버리고 도망간 Jessica는 그녀의 행동을 But love is blind, and lovers cannot see.라고 이야기합니다. 또한 *Romeo and Juliet*에서 Benvolio가 Romeo에 대해 말할 때 Blind is his love and best befits the dark.라고 말합니다.

 A : Why is she dating that guy? He's so ugly!
그녀는 왜 저 사람과 데이트를 하지? 그는 아주 못생겼는데!
B : **Love is blind**, I guess.
사랑에 눈이 멀었겠지, 뭐.

He doesn't care that his girlfriend is overweight. **Love is blind**.
그는 그의 여자 친구가 살이 찌는 것을 상관 안 해. 사랑에 눈이 멀었거든.

5. The world is my oyster!
I can do anything I want!

낙천적인 사람은 종종 The world is my oyster!라는 표현을 씁니다. oyster는 진주 조개라는 말이지만 여기에서는 '마음대로 할수 있는 것' 이라는 의미입니다. 진주 조개를 열어서 진주를 찾는 것과 성공하는 것을 비교하는 이 표현은 *The Wives of Windsor*에서 나왔습니다.

Ex. Now that I have an MBA, **the world is my oyster**!
지금 나는 경영관리학 석사가 되었으므로 내가 원하는 것은 다 할 수 있다!

She thought **the world would be her oyster** after her divorce, but she was mistaken.
그녀는 이혼한 후 자기가 원하는 것을 다 할 수 있다고 생각했지만 그녀는 잘못 생각한 것이었다.

6. To not sleep a wink
to not be able to sleep at all

셰익스피어는 그의 작품 *Cymbeline*에서 이 표현을 처음으로 사용했습니다. 셰익스피어의 작품 중에 약간 처진다는 평을 받는 이 희비극에서 Pisanio가 "Since I received command to do this business, I have not slept a wink."라는 말을 합니다. 일반적으로 wink는 한쪽 눈을 빠르게 깜빡이는 것이므로 셰익스피어는 Pisanio가 잠을 자지 못한 것을 과장되고 코믹하게 표현한 것이었습니다.

 The neighbors were so loud last night. I did**n't sleep a wink**.
어제 저녁 옆집 사람이 너무 떠들어서 나는 잠을 잘 자지 못했다.

I did**n't sleep a wink** when you didn't come home.
네가 집에 들어오지 않아서 나는 잠을 잘 수가 없었다.

Chapter 19. *Woe is Me*

7. What the dickens
what on earth

사람들이 일반적으로 생각하는 것처럼 이 표현은 Charles Dickens를 언급하는 말이 아닙니다. What the dickens는 What on earth 또는 What the heck를 의미하는 셰익스피어 시대에 쓰인 표현입니다. 이 표현은 *The Merry Wives of Windsor*에서 찾아볼 수 있습니다.

Ex. **What the dickens** is that terrible smell?
도대체 이 끔찍한 냄새는 뭐야?

Christine, **what the dickens** did you do with the remote control?
크리스틴, 도대체 이 리모컨으로 무엇을 한 거야?

8. Woe is me!
I am so sad!

영어에서 일상생활에 쓰이는 가장 오래된 표현이 woe is me입니다. 이 말은 성경의 Job 10:15에서 woe unto me라고 쓰여 있습니다. Job은 기원전 1200년대에 살았던 사람이므로 이 말은 3200년이나 오래된 말입니다. 이 표현은 셰익스피어의 햄릿과 헨리 4세와 같은 작품 속에서도 볼 수 있습니다. 비록 woe is me가 한때에는 심각한 말로 쓰였지만 요즘은 유머스럽거나 드라마틱한 표현으로 쓰이고 있습니다.

 Oh, **woe is me**! The Internet server is down again!
오, 정말 슬프다! 인터넷 서버가 또 다운됐어!

My favorite TV show was cancelled. Oh, **woe is me**!
내가 좋아하는 TV 쇼가 취소됐다. 아, 정말 슬프다!

9. It's all Greek to me!
I can't understand a thing!

이 말은 *Julius Caesar*에 나오는 말입니다. Cicero는 다른 사람이 그의 말을 알아듣지 못하게 하기 위해 그리스어(Greek)로 말했는데 그 결과로 시저에 반대하는 공모자 중의 한 사람인 Casca는 그의 말을 알아들을 수 없었습니다. 그래서 오늘날 이 표현은 잘 이해하지 못하는 것을 나타낼 때 쓰입니다.

A : Do you understand this report?
이 보고서를 이해할 수 있니?
B : Nope. **It's all Greek to me**!
아니, 전혀 모르겠어.

Chinese characters are **all Greek to me**.
중국 문자는 전혀 모르겠어.

10. What's done is done.
You cannot change the past.

과거의 실수를 인정하고 받아들이는 유용한 표현인 What's done is done은 셰익스피어의 작품에서 발견되어 일상생활에 자주 쓰이는 표현이 되었습니다. Macbeth의 3막에서 Lady Macbeth가 "Things without all remedy should be without regard: what's done is done."이라고 말하는 장면이 나옵니다.

Stop worrying about failing the exam. **What's done is done**.
시험에 떨어진 것을 그만 걱정해라. 과거는 되돌릴 수 없잖아.

I shouldn't have hit Sam, but **what's done is done**.
나는 샘을 때리지 말았어야 했다. 하지만 이미 끝난 일이다.

Chapter 19. *Woe is Me*

Practice

다음 문장 속에 있는 이디엄은 잘못 쓰여진 것입니다. 바르게 고쳐 봅시다.

❶ This math problem is all French to me.

　　Answer :

❷ I didn't sleep a blink last night.

　　Answer :

❸ Could you tell me what from Dickens is going on?

　　Answer :

❹ I'm depressed. Oh, so is me.

　　Answer :

❺ You are eating me out of my house and home!

　　Answer :

❻ Why did she marry him? I guess love is fine.

　　Answer :

❼ "Good pittance!" I exclaimed, after the salesman had finally left.

　　Answer :

❽ When I was offered a job overseas, I thought that the world was in my oyster.

　　Answer :

❾ The murderer melted in the thin air and was never captured.

　　Answer :

❿ Yes, divorce is terrible, Alice. But what's done with done.

　　Answer :

▶정답과 해석은 234page에

Review

이탤릭 글자로 쓰여진 뜻의 이디엄을 골라 봅시다.

1. These hieroglyphics are *impossible* to understand.

    a. all Greek to me
    b. like love is blind
    c. good riddance

2. After the child was born, her father *disappeared*.

    a. thought the world was his oyster
    b. didn't sleep a wink
    c. melted into thin air

3. When my brother's stupid goldfish died I thought, "*I'm so glad it's gone!*"

    a. What's done is done!
    b. Good riddance!
    c. What the dickens!

4. The baby wouldn't stop crying, so I *was awake* all night.

    a. was eaten out of house and home
    b. didn't sleep a wink
    c. melted into thin air

5. "*I am full of despair!*" cried Hamlet.

    a. Woe is me!
    b. What's done is done!
    c. The world is my oyster!

Chapter 19. *Woe is Me*

6. Move on. *You can't change the past*, Cathy.

    a. Love is blind
    b. What's done is done
    c. Woe is you

7. Now that you are a lawyer *you can do anything you want*.

    a. it's all Greek to me
    b. the world is your oyster
    c. it's the dickens

8. *What on earth* is that strange sound?

    a. Good riddance
    b. What's done is done
    c. What the dickens

9. That ugly man and pretty woman are married. I guess *she loves him despite his flaws*.

    a. the world is her oyster
    b. woe is he
    c. love is blind

10. You are *a parasite*!

    a. eating us out of house and home
    b. all Greek to me
    c. blinded by love

▶정답과 해석은 234page에

정답과 해석

Practice

1. This math problem is **all Greek to me**.
   이 수학 문제는 잘 모르겠다.
2. I didn't **sleep a wink** last night.
   나는 어제 저녁에 전혀 잠을 이루지 못했다.
3. Could you tell me **what the dickens** is going on?
   도대체 무슨 일이 일어났는지 나에게 말해 주겠어요?
4. I'm depressed. Oh, **woe is me**.
   나는 우울하다. 오, 그래서 너무 슬프다.
5. You are **eating me out of house and home**!
   너는 성가신 존재이다!
6. Why did she marry him? I guess **love is blind**.
   그녀는 왜 그와 결혼했어요? 나는 사랑에 눈이 멀었다고 생각해요.
7. "**Good riddance**!" I exclaimed, after the salesman had finally left.
   나는 그 판매원이 마침내 가버리자 "시원하게 잘 갔다!"라고 소리쳤다.
8. When I was offered a job overseas, I thought **the world was my oyster**.
   나는 해외에서 근무하는 일을 제의받자 원하는 것은 모든지 할 수 있다는 생각이 들었다.
9. The murderer **melted into thin air** and was never captured.
   그 살인자는 사라져서 잡히지 않았다.
10. Yes, divorce is terrible, Alice. But **what's done is done**.
    그래 이혼은 끔찍한 거야, 앨리스. 하지만 다 끝난 일이니까.

Review

1. (a) 이 상형 문자들은 이해하기 어렵다.
2. (c) 그 아이가 태어난 후 그녀의 아버지는 사라졌다.
3. (b) 내 형의 멍청한 금붕어가 죽었을 때 나는 "그것이 없어져서 정말 기쁘다"라고 생각했다.
4. (b) 아기가 울음을 그치지 않아서 나는 밤새 뜬눈으로 지샜다.
5. (a) 햄릿은 "나는 절망으로 가득 찼다"라고 울부짖었다.
6. (b) 기운 내. 과거를 바꿀 수는 없어, 캐시.
7. (b) 너는 변호사가 됐으니 원하는 것은 뭐든지 할 수 있다.
8. (c) 도대체 저 이상한 소리는 뭐지?
9. (c) 저 추한 남자와 아름다운 여자가 결혼하다니. 아마 그녀는 사랑에 눈이 멀었나 봐.
10. (a) 너는 식충이야!

Chapter 20

Paint the Town Red (술 마시며 즐거운 시간을 보내다)
Theme : Urban life (주제 : 도시 생활)

Warm Up

1. Do you think crime is getting worse these days?
2. Have you read about any serious crimes lately?
3. What causes people to commit crimes?

    1. 당신은 요즈음에 범죄가 더 심각하다고 생각하십니까?
    2. 최근에 심각한 범죄 기사를 읽은 적이 있습니까?
    3. 사람들은 무엇 때문에 범죄를 저지를까요?

Reading

다음은 새로 부임한 경찰 서장에 대한 이야기입니다.

Debbie : The new police chief is doing a great job, isn't he?

Charles : I have to agree. Fighting crime seems to be **right up his alley**.

Debbie : I'm especially impressed with what he's been doing in the **red light district**.

Charles : Right! I heard that City Council **gave him the green light** to get the **ladies of the night** and drug dealers off the streets. How's that plan going?

Debbie : Well, the **boys in blue** are out there **pounding the pavement** every night. It seems to be working. The crime bosses are no longer **on easy street**. You don't see them **painting the town red** anymore. They're realizing that crime is a **dead end** street.

Charles : I'm glad to hear that. I think the chief and citizens are going to **get on like a house on fire**. He's doing all the right things.

Chapter 20. *Paint the Town Red*

데비 : 새로 부임한 경찰 서장은 일을 잘하고 있는 것 같아, 그렇지 않니?

찰스 : 그래 맞아. 강력 범죄는 그의 적성에 잘 맞는 것 같아.

데비 : 나는 특별히 그가 매음굴에서 했던 일들에 정말 깊은 인상을 받았어.

찰스 : 맞아! 시 의회가 그에게 거리에서 매춘부와 마약상들을 쫓아낼 수 있는 권한을 주었다고 들었어. 그 일은 잘 되어 간대?

데비 : 글쎄, 경찰들이 매일 밤 거기에서 순찰을 하고 있어. 제대로 되어 가는 것 같아. 범죄 두목들은 더 이상 유복하게 지낼 수 없을 거고 흥청망청 술을 마시지도 못할 거야. 그리고 그들도 범죄는 이 거리에서 끝났다라는 것을 알게 되겠지.

찰스 : 그 말을 들으니 기쁘군. 나는 서장과 시민들이 정말로 잘 협조하고 있다고 생각해. 그는 정말 옳은 일을 하고 있어.

Vocabulary

1. right up one's alley	적성에 맞는
2. red light district	매음굴
3. to give (someone) the green light	~하도록 권한을 주다
4. lady of the night	매춘부
5. boys in blue	경찰
6. to pound the pavement	(경찰이) 순찰하다
7. on easy street	유복한 신분
8. to paint the town red	술 마시며 즐거운 시간을 갖다
9. dead end	막다른 길
10. to get on like a house on fire	아주 잘 지내다

Origins & Examples

1. To be right up one's alley
ideally suited to someone

alley는 건물 사이에 있는 좁은 통로를 말합니다. 또한 alley는 어떤 사람의 특별함이나 전문 분야를 나타내기도 합니다. 1600년대에 시골에서 유행했던 이 표현은 '자기 자신에게 딱 맞는' 이라는 뜻입니다. 도시화가 증가함에 따라 alley는 1900년대 초에 사람들이 자주 쓰는 표현이 되었습니다.

Ex. Computers are **right up my alley**.
컴퓨터는 내 적성에 잘 맞는다.

I think this job is **right up your alley**. You'd be perfect!
나는 이 일이 너의 적성에 잘 맞는다고 생각한다. 너에게 안성마춤이다.

2. Red light district
area of the city known for its illicit activities

red light district는 손님들을 끌기 위해 창 안에 빨간 불을 켜 놓는 매음굴을 나타냅니다. red light district가 사용된 것은 약 1900년부터입니다. 미국 철도원들은 매음굴에 가서 볼일을 볼 때 현관에 빨간 신호 램프를 현관에 놓곤 했습니다. 만약 갑자기 회사에서 그들이 필요하게 되면 그들은 빨간 불빛에 의해 찾을 수 있었습니다. 그래서 곧 그 빛나는 빨간 램프는 매음굴이 존재하는 마을의 한 부분을 나타내게 되었습니다.

Ex. I was shocked to see my friend's dad in the **red light district** last night.
나는 어젯밤에 매음굴에서 친구의 아버지를 보고 충격을 받았다.

Red light districts have a bad reputation for drugs and prostitution.
매음굴은 마약과 매춘부 때문에 평이 좋지 않다.

Chapter 20. *Paint the Town Red*

3. To give (someone) the green light
to authorize someone to do something

교차로에서 신호등은 교통의 흐름을 통제합니다. 여러분도 알다시피 빨간불은 정지를 나타내고 녹색불은 진행을 나타냅니다. 그래서 give the green light는 누군가에게 어떤 것을 하도록 허락하는 것을 의미합니다. 이 표현은 처음에 기차와 관련이 있었지만 자동차의 증가와 도시화가 증가되면서 1900년대 중반에 더 대중적으로 사용되게 되었습니다.

If you **give me the green light** with this project, you won't regret it.
나에게 이 일을 할 수 있게 힘을 준다면 당신은 후회하지 않을 것입니다.

Once City Hall **gives us the green light**, we'll start building a parking lot here.
시청이 우리에게 권한을 준다면 우리는 이 곳에 주차장을 건설할 것이다.

4. Lady of the night
prostitute

매춘부(prostitute)라는 말은 거칠고 직접적인 말이어서 어떤 상황에는 적합하지 않습니다. 그래서 매춘부가 주로 밤에 일한다는 것에 빗대어 완곡하게 쓴 표현이 lady of the night 입니다.

Her cheap clothes and heavy make-up made her look like a **lady of the night**.
그녀의 싸구려 옷과 두꺼운 화장은 그녀를 매춘부처럼 보이게 했다.

The mayor was caught with a **lady of the night** in a dark alley.
시장은 어두운 골목길에서 매춘부에게 붙잡혔다.

5. Boys in blue
the police

경찰관들은 파란 유니폼을 입습니다. 그 결과로 그들은 때때로 파란 옷을 입은 소년들 (boys in blue)로 묘사되기도 합니다. 이 말은 애정 어린 표현이나 부정적인 표현 두 가지로 쓰일 수 있습니다.

The boys in blue aren't popular in the red light district.
경찰들은 매음굴에서는 인기가 없다.

Criminals do everything they can to outwit **the boys in blue**.
범죄자들은 경찰의 눈을 속이기 위해 할 수 있는 모든 일을 한다.

6. To pound the pavement
to patrol or walk up and down the streets

우리는 걸을 때 도로의 포장한 바닥(pavement)을 밟고 다닙니다. 그래서 사람들이 직업을 찾기 위해 하루 종일 걷거나, 정치적인 캠페인을 벌이거나, 주변을 순찰할 때 적합하게 쓰일 수 있는 표현이 pound the pavement입니다.

I **pounded the pavement** for three months, but I still couldn't find a job.
나는 3달 동안 거리를 헤매고 돌아다녔지만 아직도 직업을 찾을 수 없었다.

The politician **pounded the pavement** to win support in the neighborhood.
정치인들은 지역 주민의 지지를 얻기 위해 거리를 헤매고 돌아다닌다.

Chapter 20. *Paint the Town Red*

7. On easy street
free of financial worries

이 표현의 유래는 명확하지 않지만 그럼에도 불구하고 이 말은 도시의 부유한 지역을 나타냅니다. 가난한 사람들에게 삶은 하루, 하루가 전쟁이지만 만약 그들이 갑작스런 부를 얻는다면 그들은 스트레스와 돈 문제에서 자유로운 상상의 도시인 Easy Street에 살 수 있을 것입니다.

My uncle won big in Las Vegas and is now living **on easy street**.
내 삼촌은 라스베가스에서 돈을 많이 따서 돈 걱정 없이 살고 있다.

I want to be a movie star so I can be **on easy street**.
나는 영화배우가 되어서 돈 걱정 없이 살고 싶다.

8. To paint the town red
to go out drinking and celebrating

이 말의 기원에 대해서 그럴듯한 설명이 두 가지가 있습니다. 그 하나가 이 말이 사람들이 술을 마셨을 때 얼굴이 빨개진다는 것에서 유래되었다고 합니다. paint는 술고래의 빨간 코와 얼굴 때문에 술을 나타내는 속어입니다. 그래서 paint the town red는 술을 마시고 즐거운 시간을 가진다는 것을 의미하게 되었습니다.

또 다른 설명은 로마 제국에서 찾을 수 있습니다. 로마 군인들은 전쟁의 승리를 축하하기 위해 많은 양의 술을 마셨고 적의 피를 정복한 마을 벽에 뿌렸습니다. 비록 이 야만적인 관습은 없어졌지만 이 말은 마을에서 즐거운 시간을 보낸다는 의미로 지속되어 왔습니다.

How about going out and **painting the town red**?
우리 나가서 신나게 마셔 보는 게 어때?

After I got my promotion, I went out with my friends to **paint the town red**.
나는 승진을 한 후 내 친구들과 나가서 신나게 마셨다.

9. Dead end
something that leads nowhere

갑작스럽게 길이 막히거나 출구가 없는 길은 dead end라고 합니다. 그러한 길에 들어선 운전자는 원하는 방향으로 갈 수 없고 돌아가는 것 외에는 방법이 없습니다. 이 표현은 1920년대에 경력과 관계된 말에도 사용되었습니다.

My marriage has hit a **dead end** street.
내 결혼 생활은 막다른 길에 다다랐다.

I don't want a **dead end** job at a fast food restaurant. I want a future.
나는 패스트푸드 레스토랑에서 출세할 가망이 없는 일을 하고 싶지 않다. 나는 더 나은 미래를 원한다.

10. To get on like a house on fire
to get along really well

불은 자연의 놀라운 경이 중의 하나입니다. 불은 몇 분 안에 집과 모든 것을 재로 만들 수 있습니다. 집이 불타는 것은 결코 좋은 일은 아니지만 두 사람이 get on like a house on fire 라고 하면 이것은 긍정적인 의미가 됩니다. 마치 건물이 불의 소용돌이 속에 빠져 들어가는 것처럼 두 사람이 빠른 속도로 서로 좋아하게 되는 것을 나타냅니다.

I thought Sara and Hans would hate each other, but they're **getting on like a house on fire**.
나는 사라와 한스가 서로 미워하고 있다고 생각했지만 그들은 아주 잘 지내고 있다.

My mom and dad **got on like a house on fire** when they first met.
내 엄마와 아빠는 처음 만났을 때 정말 서로 잘 지냈다.

Chapter 20. *Paint the Town Red*

Practice

바른 문장이 되도록 괄호 안에 알맞은 단어를 써 넣으세요.

❶ If your investments are sound, you'll be living on (   ) street.

❷ Jack pounded the (   ) all day but he only raised $5 in donations.

❸ A life of crime is a dead (   ) street. It never truly pays off.

❹ As soon as I met Suzy we got on like a house on (   ).

❺ Being a mechanic is (   ) up my alley. I just love it!

❻ Wearing a tight skirt and high heels, Shirley looked like a (   ) of the night.

❼ The police car raced through the red (   ) district.

❽ Just give me the (   ) light and I'll do the job.

❾ The boys (   ) blue are our friends, not our enemies.

❿ After a night of painting the (   ) red, I had a major hangover.

▶정답과 해석은 246page에

Review

이탤릭 글자로 쓰여진 뜻의 이디엄을 골라 봅시다.

1. *Prostitutes* work in the world's oldest profession.

      a. The boys in blue
      b. Ladies of the night
      c. The red light districts

2. The *police* are sometimes accused of abusing their power.

      a. dead end streets
      b. boys in blue
      c. ladies of the night

3. It looks like you two *really like each other*.

      a. are in the red light district
      b. are getting on like a house on fire
      c. are painting the town red

4. Drugs *offer a bleak future*.

      a. are a dead end street
      b. are right up my alley
      c. help us live on easy street

5. Could you *give me permission* to enact the plan?

      a. give me the green light
      b. pound the pavement
      c. go to easy street

Chapter 20. *Paint the Town Red*

6. Just keep *going to as many places as possible* and you'll find work.

    a. giving me the green light
    b. painting the town red
    c. pounding the pavement

7. I was born a fighter, so kung fu *comes naturally to me*.

    a. is a dead end street
    b. is right up my alley
    c. gets on like a house on fire

8. Before you leave town let's *go out drinking*.

    a. pound the pavement
    b. go to the red light district
    c. paint the town red

9. The CEO *led a luxurious and comfortable lifestyle*.

    a. had a dead end job
    b. got the green light
    c. was on easy street

10. A man was stabbed in a bar *in the seedy area of the city* last night.

    a. in the red light district
    b. on easy street
    c. right up his alley

▶정답과 해석은 246page에

정답과 해석

Practice
1. easy
   만약 네가 투자를 견실하게 했다면 너는 돈 걱정 없이 살 수 있을 것이다.
2. pavement
   잭은 하루 종일 돌아다녔지만 겨우 기부금을 5달러밖에 모으지 못했다.
3. end
   범죄로 생활하는 것은 앞이 꽉 막힌 것이다. 결코 좋은 결과가 나오지 않는다.
4. fire
   내가 수지를 만나자마자 우리는 아주 잘 지냈다.
5. right
   정비사가 된다는 것은 내 적성에 맞는다. 나는 그냥 그 일이 좋다.
6. lady
   딱 붙는 스커트와 하이 힐을 신으니 셜리는 매춘부처럼 보였다.
7. light
   경찰차는 매음굴을 지나서 달렸다.
8. green
   나에게 권한을 주면 그 일을 내가 하겠다.
9. in
   경찰은 우리의 친구이지, 적이 아니다.
10. town
    흥청망청 마시고 논 후에 나는 숙취로 고생했다.

Review
1. (b) 매춘은 세계에서 가장 오래된 직업이다.
2. (b) 경찰은 때때로 권력 남용으로 고소를 당한다.
3. (b) 너희 두 사람은 정말 서로 좋아하는 것 같다.
4. (a) 마약은 어두운 미래를 준다.
5. (a) 그 계획을 실행할 수 있게 허가해 주시겠어요?
6. (c) 가능한 한 많은 곳을 돌아다녀 보면 일을 찾을 수 있을 것이다.
7. (b) 나는 타고난 싸움꾼이다. 그래서 쿵후는 나에게 잘 맞는다.
8. (c) 마을을 떠나기 전에 술 한잔하자.
9. (c) 그 최고경영자는 사치스럽고 안락한 생활을 하고 있다.
10. (a) 어젯밤에 한 남자가 매음굴의 한 바에서 칼에 찔렸다.

Chapter 21

As American As Apple Pie (아주 미국적인)
Theme : Americana (주제 : 미국에 관한 것)

Warm Up

1. Are you patriotic?
2. Would you like to study in the US? Why or why not?
3. What are some symbols of the US?

1. 당신은 애국심이 강한가요?
2. 당신은 미국에서 공부를 하고 싶습니까? 미국에서 공부하고 싶은 이유와 공부하고 싶지 않은 이유는 무엇인가요?
3. 미국의 상징들은 무엇이 있을까요?

Reading

다음은 자기가 미국인이라는 것을 자랑스러워하는 한 사람의 이야기입니다.

"I cannot tell a lie." I'm proud to be an American. Whenever I see **Ol' Glory** fluttering in the wind, I think about how lucky I am to live in **the land of the free**.

I have a great job, a beautiful family and a comfortable home. I have freedom of speech and other rights that people around the world are denied. I also have plenty of leisure time to indulge in **America's national pastime**. I love **the American way**!

Now, I know that everyone does not like **Uncle Sam**. In fact, a lot of countries **have an axe to grind** with the US. They say America is chauvinistic and arrogant.

But I disagree with such people. If America is so bad, why do thousands of immigrants venture to the US every year in search of **the American dream**? Why do millions worldwide flock to see Hollywood movies, play baseball or do other things that are **as American as apple pie**?

To those who don't like America, **read my lips**: You are free to say what you want, but I think America is the greatest place on Earth. To my fellow Americans, I say: "**Let's roll**" and make America an even greater country.

Chapter 21. As American As Apple Pie

> 해석

　나는 거짓말을 하지 않는다. 나는 미국인이라는 것이 자랑스럽다. 나는 성조기가 바람에 나부낄 때마다 내가 이 자유의 나라 미국에 살고 있다는 것이 얼마나 운이 좋은가 하고 생각한다.

　나는 좋은 직업, 사랑스런 가족, 그리고 편안한 집이 있다. 나는 자유롭게 말할 수 있고 몇몇 나라에서 누리지 못하는 여러 권리들을 가지고 있다. 또한 나는 야구를 즐길 수 있는 많은 여가 시간을 가지고 있다. 나는 미국의 생활 방식을 좋아한다.

　요즘은 모든 사람이 다 미국을 좋아하는 것은 아니다라는 것을 안다. 사실 많은 나라들이 미국에 대해 다른 마음을 먹고 있다. 그들은 미국은 오만하고 광신적인 애국주의로 가득 찼다고 말한다.

　그러나 나는 그러한 사람들의 말에 동의하지 않는다. 미국이 그렇게 나쁘다면 왜 수많은 사람들이 아메리칸 드림을 이루기 위해 미국으로 이민을 오는가? 왜 또 전세계의 수많은 사람들이 할리우드 영화를 보고 메이저 리그를 즐기며 아주 미국적인 것들을 따라 하는가?

　미국을 좋아하지 않는 사람들은 내 말을 잘 들어라. 당신들이 말하고 싶은 것을 말하는 것은 자유지만 나는 미국이 지구상에서 가장 위대하다고 생각한다. 나는 내 미국 친구들에게 말한다. 자, 빨리 움직여서 미국을 더 위대한 나라로 만들자고.

Vocabulary

1. Ol' Glory	성조기
2. the land of the free	자유의 나라(미국)
3. America's national pastime	야구
4. the American way	미국인이 살아가는 방식
5. Uncle Sam	미국 정부
6. to have an axe to grind	딴 속셈이 있다
7. the American dream	아메리칸 드림
8. as American as apple pie	아주 미국적인
9. Read my lips.	주의 깊게 잘 들어라.
10. Let's roll!	자, 움직이자!

Origins & Examples

1. Ol' Glory
the American flag

윌리엄 드라이버 선장이 1831년에 선물로 미국 국기를 받았을 때 이 말을 만들어 냈습니다. 드라이버는 그 깃발이 바람에 펄럭이는 모습을 보고 그 모습에 감탄하면서 "Ol' Glory!"라고 외쳤습니다. 드라이버는 해군을 제대하고 1837년에 테니시 주 내쉬빌로 간 후 수많은 항해에 그 깃발을 자랑스럽게 달고 다녔습니다. 그 노선장은 죽기 전에 그 깃발을 그의 딸의 팔에 감으면서 다음과 같이 말했습니다.

"메리 제인, 이것이 내 배의 깃발인 Ol' Glory이다. 이것은 내 영원한 친구이다. 나는 이 깃발을 어머니가 딸을 사랑하는 것처럼 사랑했다. 내가 그것을 간직했던 것처럼 너도 그것을 잘 간직해라."

드라이버 가족은 그 깃발을 1922년까지 가보로 잘 간직했고 워싱턴에 있는 스미소니언 협회에 보내져 오늘날까지 잘 보존되고 있습니다.

You must follow certain rules when flying **Ol' Glory**.
너는 성조기가 올라갈 때 의식에 따라야 한다.

When the firefighters raised **Ol' Glory** I felt a surge of patriotism.
소방수들이 성조기를 올릴 때 나는 애국심이 밀물처럼 밀려드는 것을 느꼈다.

2. The land of the free
the USA

이 미국에 대한 별칭은 미국 국가인 The Star Spangled Banner에서 나왔습니다. 프랜시스 스캇 키는 1812년 영국과 전쟁에서 영감을 얻어 이 노래를 썼습니다. 이 노래는 4개의 절로 되어 있는데 마지막 구는 O'er the land of the free and the home of the brave로 끝납니다.

America is **the land of the free** and home of the brave.
미국은 자유의 나라이고 용사의 본고장이다.

Thousands of immigrants move to **the land of the free** every year to start a new life.
많은 이민자들이 새로운 삶을 위해 매년 미국으로 온다.

Chapter 21. *As American As Apple Pie*

3. America's national pastime
baseball

　　pastime은 취미나 여흥거리를 말합니다. national pastime은 한 나라에서 국민들이 좋아하는 것을 가리킵니다. Albert G. Spalding은 미국의 여러 스포츠 중에서 야구가 미국인의 정신을 잘 나타내어 미국의 국기라고 말을 했습니다. Spalding은 "야구는 두뇌와 체력 둘 다 요구하는 훌륭한 게임이다. 그래서 미국인들은 전세계로 이 훌륭한 운동을 전파했다."라고 말했습니다. 미국인들은 Spalding의 생각에 동의하면서 여전히 야구를 America's national pastime으로 애정 어리게 부르고 있습니다.

 Millions of viewers watch **America's national pastime** on their TVs.
수백만의 사람들이 TV로 미국 야구를 시청한다.

America's national pastime has a long and glorious history.
미국의 야구는 길고 영광스러운 역사를 가지고 있다.

4. The American way
the manner in which Americans live

　　way는 어떤 것을 할 때 나타나는 스타일이나 방식입니다. 그래서 The American way는 미국인들의 신념과 가치 그리고 삶의 방식을 말합니다. 이 말의 기원을 알 수 없지만 1900년대 중반에 널리 사용되었습니다. 예를 들면 1950년대 TV 드라마인 슈퍼맨의 오프닝 테마에서는 "진실과 정의, 그리고 미국인의 신념을 위해 결코 끝나지 않는 싸움"이라고 하면서 슈퍼맨을 치켜세울 때에도 이 말이 사용되었습니다.

 Capitalism and free enterprise are **the American way**.
자본주의와 자유 기업은 미국적 방식이다.

Broad mindedness and tolerance are **the American way**.
참을성이 많고 이해심이 많은 것은 미국적 방식이다.

5. Uncle Sam
the US (initials)

　　Uncle Sam은 1812년 일어났던 전쟁 중에 미국 군대에 음식을 제공하는 사람이었던 Sam Wilson과 관련이 있습니다. 그의 고기통에는 United States를 나타내는 US가 찍혀 있었지만 군인들은 Sam Wilson에서 앞 이름을 따와 장난으로 Uncle Sam이라 부르기 시작했습니다. 여기에서 유래되어 Uncle Sam이 미국을 나타내는 말이 되었습니다. 그 후 엉클 샘의 모습은 여러 만화 작가에 의해 묘사되었습니다. 1870년대 초에 유명한 미국 만화 작가인 Thomas Nast는 긴 코트를 입은 턱수염 난 남자를 엉클 샘으로 묘사했습니다. 1917년 1차 세계대전 때에 James Montgomery Flagg는 I Want You!라고 써 있는 유명한 군인 모집 포스터에서 엉클 샘을 그림으로써 엉클 샘을 잊혀지지 않는 캐릭터로 만들었습니다. 그 때부터 엉클 샘은 전세계에서 미국의 상징으로 쓰이게 되었고 1950년에는 정식으로 미국의 상징으로 채택되었습니다.

Uncle Sam wants you!
　미국이 당신을 원한다!

Uncle Sam does not owe you a living. Get a job!
　미국은 당신을 먹여 살리지 않는다. 그러니 직업을 얻어라!

6. To have an axe to grind
to have an ulterior motive; grudge

　　미국의 가장 유명한 헌법 제정자 중의 한 사람인 벤자민 프랭클린은 유명한 말들을 많이 남겼는데 지금도 미국인들은 그 말들을 사용합니다. 그의 이야기 중에 이방인이 멈춰 서서 그에게 도끼를 잘 가는 방법을 시범으로 보여 달라는 이야기가 있습니다. 프랭클린은 그에게 어떻게 숫돌에 도끼를 가는지 여러 번 보여 주자 그 도끼는 완전히 다 갈렸습니다. 그 남자는 웃으면서 사라졌습니다. 왜냐하면 처음부터 그의 계획은 그의 도끼를 가는 것이었으니까요. 그래서 오늘날 누군가가 숨은 의도나 누군가에 복수를 하기 위한 비밀스런 바람을 나타낼 때 have an axe to grind라는 표현을 씁니다.

He claimed he had nothing against me, but I knew he **had an axe to grind**.
　그는 나를 반대하지 않는다고 말하지만 나는 그가 딴 마음을 먹고 있다는 것을 안다.

Tell your brother that I **have an axe to grind** with him!
　너의 형에게 내가 원한을 가지고 있다는 것을 말해라!

Chapter 21. *As American As Apple Pie*

7. The American dream
the idea that anyone can succeed in the US

American dream은 사람의 출신, 인종, 배경에 관계없이 미국에서는 모두 성공할 수 있다는 것을 의미합니다. 인권 운동가인 마틴 루터 킹 목사는 1963년에 그의 유명한 I Have a Dream이라는 연설을 하면서 미국 사회에 존재하는 위선을 비난하고 모든 인종에게 평등하게 성공의 기회가 제공되기를 간절히 희망했습니다.

Ex.
The immigrant's **American dream** was shattered when he was robbed and beaten.
그 이민자의 아메리칸 드림은 강도에게 빼앗기고 맞았을 때 산산히 부서졌다.

This book is a scathing critique of the **American dream**.
이 책은 아메리칸 드림에 대해 신랄하게 비판한 책이다.

8. As American as apple pie
very American in character

apple pie는 식민지 시대부터 미국에 존재했습니다. 미국에서 이 음식에 대해 가장 먼저 언급한 사람은 1697년에 보스턴 사람인 Samuel Sewall으로 그의 일기에 '아주 맛이 있게 양고기, 칠면조, 닭고기, 그리고 애플 파이를 먹었다' 라고 적어 놓았습니다. 미국인들이 그 apple pie를 발명하지 않았지만 외국인들은 그것이 미국의 특별한 요리 중의 하나라고 생각했습니다. 비록 미국에서 apple pie의 역사는 길지만 as American as apple pie는 1960년대에 뚜렷하게 미국적이라는 것을 나타낼 때 처음으로 사용되었습니다.

Ex.
Baseball is **as American as apple pie**.
야구는 아주 미국적인 경기다.

The Statue of Liberty is **as American as apple pie**.
자유의 여신상은 아주 미국적이다.

9. Read my lips.
Listen to me carefully.

비록 귀머거리들은 들을 수 없지만 그들은 말하는 입술을 읽을 수 있습니다. 다시 말하면 그들은 입술의 움직임으로 다른 사람이 말하는 것을 알 수 있죠. Read my lips는 '내 말을 주의해서 들어라' 라는 뜻으로 죠지 H. W. 부시 전 미국 대통령에 의해 대중화되었습니다. 1988년 그는 그의 대통령 후보의 지명을 수락하는 연설에서 다음과 같이 말했습니다.

"내 경쟁자는 세금 올리는 것을 반대하지 못할 것이지만 나는 할 수 있습니다. 의회가 세금을 올리라고 강요해도 나는 no라고 말할 것입니다. 다시 강요해도 나는 또 no라고 할 것입니다. 그리고 또다시 강요해도 나는 그들에게 이렇게 말할 것입니다. : 내 말을 잘 들으세요.(Read my lips) 더 이상의 세금은 안 됩니다."

Read my lips: I can't lend you any money.
내 말을 잘 들어라. 나는 너에게 한 푼도 빌려 줄 수 없다.

Read my lips: I do not want to marry you.
내 말을 잘 들어라. 나는 너와 결혼할 마음이 없다.

10. Let's roll!
Let's get moving!

Let's roll은 Let's rock'n roll을 줄인 표현으로 두 표현 다 임무를 완수한다는 결심의 표현입니다. Let's roll은 2001년 9월 11일 테러리스트에 의해 납치되어 펜실바니아 근교에서 폭발한 비행기의 승객인 Todd Beamer에 의해 다시 한번 널리 알려졌습니다. 일단의 승객들과 짧게 기도한 후에 Beamer는 "하느님, 도와주십시오. 자, 움직입시다.(Let's roll.)"라고 말한 후 납치범들을 제압하기 위해 조종실로 달려갔습니다. 죠지 W. 부시 대통령은 9.11 사건을 상기하며 그의 용기를 기리기 위해 그의 말을 몇몇 연설에서 인용하면서 그 고난의 시기를 헤쳐 나갔습니다.

Let's roll and finish the job quickly.
자 빨리 움직여서 그 일을 빨리 끝내자.

Let's roll, America! We have work to do!
미국이여, 움직여라, 우리는 해야 할 일이 있다.

Chapter 21. *As American As Apple Pie*

Practice

이디엄이 올바르게 쓰였다면 T, 그렇지 않다면 F에 동그라미를 치세요.

❶ Have you ever been to Ol' Glory?

T/F

❷ Baseball is as American as apple pie.

T/F

❸ The land of the free is the greatest country in Europe.

T/F

❹ America's national pastime is a popular summer sport.

T/F

❺ Read my lips: We will destroy terrorism.

T/F

❻ The American way is pro-communist.

T/F

❼ Uncle Sam provides billions of dollars in aid to developing countries.

T/F

❽ Let's roll and finish painting this house.

T/F

❾ Al has an axe to grind with me because I dated his ex-girlfriend.

T/F

❿ The American dream prevents people from rising in status.

T/F

▶정답과 해석은 258page에

Review

이탤릭 글자로 쓰여진 뜻의 이디엄을 골라 봅시다.

1. I don't understand why some countries hate *the US* so much.

    a. Ol' Glory
    b. the American dream
    c. Uncle Sam

2. *Listen to me carefully*: I will become president one day.

    a. Let's roll
    b. Read my lips
    c. I have an axe to grind

3. Free enterprise is *widely cherished in the US*.

    a. America's national pastime
    b. as American as apple pie
    c. the American dream

4. *The US* is a haven for refugees and dissidents.

    a. The land of the free
    b. The American way
    c. America's national pastime

5. You must never treat *the American flag* with disrespect.

    a. an axe to grind
    b. reading my lips
    c. Ol' Glory

Chapter 21. *As American As Apple Pie*

6. Millions of youngsters play *baseball* each year.

    a. Uncle Sam
    b. America's national pastime
    c. American as apple pie

7. Immigrants come to the US *with hopes and aspirations for a better life*.

    a. to pursue the American dream
    b. as American as apple pie
    c. reading their lips

8. Do you have *a grudge against me*?

    a. the land of the free
    b. the American way
    c. an axe to grind with me

9. *Hurry up*, you guys!

    a. Read my lips
    b. Let's roll
    c. National pastime

10. This is *how we do things in the US*.

    a. the American way
    b. an axe to grind
    c. the land of the free

▶정답과 해석은 258page에

정답과 해석

Practice
1. F. 미국 국기에 가본 적이 있니?
2. T. 야구는 가장 미국적인 것이다.
3. F. 미국은 유럽에서 가장 위대한 나라이다.
4. T. 미국의 야구는 유명한 여름 스포츠다.
5. T. 내 말을 잘 들어라. 우리는 테러를 분쇄할 것이다.
6. F. 미국적인 방식은 공산주의자를 찬성하는 것이다.
7. T. 미국은 개발도상국에게 막대한 돈을 원조한다.
8. T. 자 빨리 움직여서 이 집 칠하는 것을 끝내자.
9. T. 알은 내가 그의 전처와 데이트를 했기 때문에 나에게 원한을 가지고 있다.
10. F. 아메리칸 드림은 사람들의 신분 상승을 막는다.

Review
1. (c) 나는 몇몇 나라들이 미국을 왜 그렇게 증오하는지 이해가 안 된다.
2. (b) 내 말을 잘 들어라. 나는 언젠가는 대통령이 될 것이다.
3. (b) 자유 기업 제도는 미국에 널리 번창해 있다.
4. (a) 미국은 망명자와 반체제 인사들의 천국이다.
5. (c) 너는 무례하게 성조기를 다루어서는 안 된다.
6. (b) 수백만의 젊은이들이 매년 야구를 한다.
7. (a) 이민자들은 보다 나은 삶에 대한 꿈과 희망을 가지고 미국에 온다.
8. (c) 당신 나에게 유감이 있습니까?
9. (b) 여러분, 서두릅시다!
10. (a) 이것이 미국에서 하는 방식이다.

Chapter 22

In the Limelight (각광을 받고)
Theme : Show business (주제 : 쇼 비지니스)

Warm Up

1. Who is your favorite entertainer?
2. Do you like reading about the lives of movie or TV stars?
3. Have you heard any interesting rumors about an actor or actress lately?

1. 당신이 좋아하는 연예인은 누구인가요?
2. 당신은 영화나 TV 스타의 삶에 대한 기사를 읽는 것을 좋아합니까?
3. 당신은 최근에 남자 배우나 여자 배우의 흥미있는 소문을 들은 적이 있습니까?

Reading

다음은 할리우드의 위태위태한 스타 커플에 대한 이야기입니다.

Sharon : (Reading a tabloid) A lot of things are happening in **Tinseltown** these days. Hal Lanson and Judy Roberts are **in the limelight** again. Rumor has it that they are having marriage problems.

Rose : Really? **Cut to the chase** and tell me all the details!

Sharon : Well, Judy caught him kissing another actress, but Hal claimed he was "just acting" and that it was a misunderstanding.

Rose : You've got to be joking! Lanson always gives the same **song and dance routine**. I don't believe anything he says.

Sharon : I have to agree with you. As soon as a new pretty actress comes along, he is **in like Flynn** trying to meet her.

Rose : What I don't understand is why Judy married him in the first place. He's such a **ham actor** and he's always making her **play second fiddle**. She should just **get the show on the road** and divorce him.

Sharon : (Pointing to the tabloid) It says here that Judy is going to **play it by ear** for now. She thinks Hal can change.

Rose : I wish her well, but I doubt Hal will ever **get his act together**.

Chapter 22. *In the Limelight*

샤론 : (타블로이드판 신문을 읽으며) 요즘 할리우드에는 여러 가지 일들이 일어나고 있군. 할 라슨과 주디 로버츠가 다시 다시 사람들의 이목을 끌고 있어. 소문에 의하면 그들은 결혼 생활에 문제가 있다고 하더라.

로스 : 정말? 본론으로 들어가서 자세하게 말해 봐.

샤론 : 음, 주디가 할이 다른 여배우와 키스하는 것을 목격했는데 할은 단지 연기일 뿐이라고 주장하며 오해하지 말라고 했다더군.

로스 : 농담하지 말라고 해. 라슨은 항상 둘러대기만 한다니까. 나는 그가 하는 말은 아무것도 믿지 않아.

샤론 : 나도 너와 같은 생각이야. 예쁜 신인 여배우가 나타나면 그는 그녀를 만나려고 발빠르게 행동하지.

로스 : 내가 이해 못하는 것은 주디가 왜 애당초 그와 결혼을 했느냐는 것이야. 그는 엉터리 삼류 배우이고 또 항상 그녀를 들러리로 만들어. 그녀는 결심을 해서 그와 이혼해야 돼.

샤론 : (타블로이 신문을 가리키며) 여기 신문에는 주디가 현재로는 상황에 따라 대처할 것이라고 써 있군. 그녀는 할이 변할 거라고 생각하나 봐.

로스 : 나는 그녀가 잘 되었으면 좋겠어. 그러나 나는 할이 결코 그 버릇을 고치지 못할 거라고 생각해.

Vocabulary

1. Tinseltown	할리우드
2. in the limelight	각광을 받고
3. Cut to the chase.	요점을 말해라
4. song and dance routine	즉답을 회피하다, 둘러대다
5. in like Flynn	빠르게 이점을 챙기는
6. ham actor	삼류 엉터리 배우
7. to play second fiddle	단역을 맡다
8. to get the show on the road	활동을 개시하다
9. to play it by ear	임기응변으로 처리하다
10. to get one's act together	단점을 고쳐 주다

Origins & Examples

1. Tinseltown
Hollywood

tinsel은 반짝이는 아주 얇은 조각으로 장식물에 사용됩니다. 이것은 빛나고 반짝거리지만 기본적으로 가치가 없는 것을 나타냅니다. 할리우드는 틴셀타운(Tinseltown)이라는 별칭을 가지고 있는데 그 말은 미국의 피아니스트이자 배우인 오스카 레번트가 '위선적인 치장은 벗어 버리자. 그러면 당신이 발견하게 되는 것은 진짜 틴셀일 것이다.' 라고 말한 데서 유래되었습니다. 레번트의 말은 할리우드의 현주소를 비평한 말이지만 1980년대에 온 이 표현은 할리우드의 화려함과 흥분을 표현하는 애정 어린 말이 되었습니다.

Tinseltown is producing terrible movies these days.
요즘 할리우드에는 형편 없는 영화들이 만들어지고 있다.

Every aspiring actor's dream is to succeed in **Tinseltown**.
모든 야심 있는 배우들의 꿈은 할리우드에서 성공하는 것이다.

2. In the limelight
in the news

현대의 조명이 발명되기 전에는 라임라이트(limelight)가 무대를 밝히는 수단이었습니다. 라임라이트는 그 빛이 라임으로 알려진 칼슘 산화물에서 왔기 때문에 그렇게 불리게 되었습니다. 라임은 산화할 때 강렬한 하얀 빛을 발하는데 촛불의 빛보다 훨씬 밝았습니다. 라임라이트는 사진을 찍는 데에도 사용되어 유명한 배우들의 사진을 찍을 때 조명으로 쓰였습니다. 비록 라임라이트는 더 이상 조명으로 쓰이지 않지만 '주목을 받다' 라는 뜻으로 요즘에도 계속 쓰이고 있습니다.

The Beatles were constantly **in the limelight** in the 1960s.
비틀즈는 1960년대에 계속 사람들의 주목을 받았다.

Although he was famous, the actor did not want to be **in the limelight**.
비록 그 배우는 유명했지만 사람들의 이목을 끄는 것을 원하지 않았다.

Chapter 22. *In the Limelight*

3. Cut to the chase.
Get to the point.

이 표현은 액션 영화에서 추적신을 언급한 말입니다. 초창기의 많은 영화는 좀 지루했습니다. 그래서 활기 없는 줄거리를 북돋우기 위해 감독은 결말 부근에 추적신을 추가했습니다. 이 전략은 부분적으로 성공을 거두어서 관람객들은 영화의 지루한 부분을 지나서 빨리 가장 흥미 있는 부분을 보고 싶어했습니다. 그래서 cut to the chase는 직역하면 '이 영화의 이 부분은 따분하니 빨리 추적신을 보여 달라' 라는 의미입니다. 이 말은 1980년대 초에 나온 말로 꽤 최근에 사용된 표현입니다.

Would you just **cut to the chase** and tell me what your point is?
본론으로 들어가서 당신의 요지가 무엇인지 말해 주시겠어요?

Cut to the chase and tell me what happened at the end of your date.
본론으로 들어가서 당신의 데이트의 끝이 어떻게 되었는지 말해 주세요.

4. Song and dance routine
an evasive way of answering a question

1870년대에서 1930년대까지 북미에서 가장 유명한 여흥거리는 버라이어티 쇼의 형태인 보드빌이었습니다. 보드빌은 코메디, 노래, 춤, 저글링 등으로 관중을 즐겁게 했습니다. 그러나 이 쇼는 노래와 춤 등에 초점을 맞춘 틀에 박힌 공연이었습니다. 그래서 1800년대 후반부터 song and dance routine은 정교하게 변명을 하거나 또는 과장된 이야기로 문제를 회피하는 사람을 은유적으로 나타낼 때 쓰이게 되었습니다.

I asked for a raise, but the boss gave me a **song and dance routine** about rising costs.
나는 봉급 인상을 요구했지만 사장님은 인상 비용에 대해서 둘러대기만 했다.

Don't give me that **song and dance routine** about why you are late!
당신이 왜 늦었는지 둘러대지 마세요!

5. In like Flynn

quick to take advantage of a situation

2차 세계 대전에서 군인들 사이에 인기 있었던 'in like Flynn' 이란 표현은 호주 출신 영화 배우 에롤 플린(1909-1959)을 나타내는 데 쓰인 말이었습니다. 액션 영웅인 플린은 영화 속에서 모든 일들을 쉽게 처리했습니다. 그는 많은 공훈을 세웠고 어떤 여자의 마음도 사로 잡을 수 있었습니다. 영화 밖에서도 플린은 많은 애정 행각을 벌여 악명이 높았습니다. 1970년대에 in like Flynn은 성적인 의미와 연관이 있었지만 요즘은 어떤 갑작스런 상황에서 빠르게 이익을 취하는 사람을 가리키는 데 사용됩니다.

When they offered Joe the job he was **in like Flynn**.
그들이 조에게 그 일을 제안했을 때 그는 빠르게 받아들였다.

Dave was **in like Flynn** when he heard there would be free beer at the party.
데이브는 파티에서 공짜 맥주가 제공된다는 말을 듣고 빠르게 달려갔다.

6. Ham actor

an unconvincing, melodramatic actor

ham actor의 유래는 여러 가지 설이 있습니다. 한 가지 이론은 햄이 아마추어를 익살스럽게 표현한 말이라는 데에서 나왔다고 하고 다른 견해는 햄릿이나 다른 세익스피어의 연극의 멜로 연기에서 나왔다고도 추론합니다. 그러나 아마도 콜드 크림이 없어서 돼지 지방으로 두꺼운 화장을 지웠던 아마추어 배우를 나타내는 용어 hamfatter(엉터리 배우)에서 유래되었을 겁니다. 이러한 견해는 1800년대 후반에 나왔던 노래 The Hamfat Man이란 노래에서 확인되었는데 이 노래는 얼굴을 검게 칠하고 공연하는 악극단의 어리숙한 배우를 그렸습니다.

Sometimes **ham actors** can be funny, but they are usually annoying.
때때로 연기를 과장하는 엉터리 배우는 재미있을 수 있지만 보통은 화나게 한다.

Tom is a great singer, but he's a **ham actor**.
탐은 훌륭한 가수지만 연기는 삼류이다.

Chapter 22. *In the Limelight*

7. To play second fiddle
to be the less important person in a couple

fiddle은 바이올린을 격식 없이 표현한 말입니다. play second fiddle은 오케스트라에서 세컨드 바이올린을 연주하는 것을 말합니다. 비록 세컨드 바이올린이 퍼스트 바이올린처럼 중요하지만 관중들은 퍼스트 바이올린을 더 높게 평가합니다. 1800년대에 나온 이 표현은 보조적인 역할을 하는 사람을 나타낼 때 사용되게 되었습니다.

Ex.
I am tired of **playing second fiddle** to my wife.
나는 내 아내의 들러리를 서는 데 지쳤다.

A vice president should never make a president **play second fiddle**.
부통령은 대통령을 들러리로 만들면 안 된다.

8. To get the show on the road
to start something in a determined way

길 위에 있다(on the road)는 것은 어딘가로 가고 있다는 것과 같은 것입니다. get the show on the road는 유랑극단에서 쓰인 표현입니다. 곡예단이 연기를 마치고 쉬고 있을 때 매니저는 'Let's get the show on the road!' 라는 표현을 쓰는데 이것은 연기자들에게 자기 짐을 꾸리고 빨리 다른 마을로 가자고 권고하는 표현입니다.

Ex.
Let's **get the show on the road** and clean up this mess.
우리 빨리 움직여서 이 혼란스러움을 정돈하자.

Why don't we **get the show on the road** and leave now?
우리 빨리 움직여서 지금 떠나는 게 어때?

9. To play it by ear
to improvise or react as things happen

1600년대 후반에 나온 이 표현은 악보 없이 악기를 연주하는 능력을 말합니다. 어떤 사람은 단순히 노래만 듣고서 악기를 연주하기도 합니다. 이 표현은 요즘에도 이러한 의미를 가지고 있지만 1900년대 중반에는 변화하는 환경에 즉흥적으로 대응한다는 것을 나타내기도 합니다.

I don't know what I'll do next year. I'm just going to **play it by ear** and see what happens.
　나는 내년에 무엇을 할지 잘 모르겠다. 그냥 일어나는 일에 대해서 임기 응변으로 처리하고 어떻게 되는지 지켜볼 것이다.

Rather than make any quick decisions after he lost his job, Ted decided to **play it by ear**.
　테드는 실직한 후에 빠른 결정을 내리기보다는 상황에 따라 행동하기로 결심했다.

10. To get one's act together
to fix one's shortcomings

연기는 혼자 할 수도 있고 여러 명이 같이 할 수도 있습니다. 그리고 연기만 하는 쇼가 있고 연기가 어떤 쇼의 한 부분일 수도 있습니다. 또한 코메디 연기, 댄스 연기, 노래 연기 등 많은 종류의 연기가 있습니다. 이러한 연기에서 개인이나 팀이 연기를 잘하지 못하는 것은 그들의 연기가 서투르거나 호흡이 맞지 않는 것입니다. 그래서 쇼 비지니스에서 get one's act together는 연습을 해서 무대 연기를 향상시키는 것을 의미합니다. 1900년대 후반에 나온 이 말은 일반적으로 개선이나 훈련이 필요한 개인이나 단체를 가리키는 말이 되었습니다.

If you don't **get your act together** you will fail the exam.
　네가 만약 너의 단점을 고치지 않는다면 너는 시험에 떨어질 것이다.

I hope Larry **gets his act together** and finds a job.
　나는 래리가 단점을 고쳐서 직업을 구했으면 좋겠다.

Chapter 22. *In the Limelight*

Practice

바른 문장이 되도록 괄호 안에 알맞은 단어를 써 넣으세요.

❶ (   ) is the nickname for Hollywood.

❷ As soon as I heard of the job opening, I was in like (   ).

❸ Don't give me that (   ) and dance routine!

❹ Just (   ) to the chase and tell me what happened.

❺ Lucy is tired of playing (   ) fiddle to her husband.

❻ Let's play it by (   ) for a while before making a decision.

❼ You'll have to get your act (   ) if you ever hope to get married.

❽ Brad Pitt is in (   ) limelight these days.

❾ Ken is such a (   ) actor. Who can take him seriously?

❿ Let's get the (   ) on the road and start the concert.

▶정답과 해석은 270page에

Review

이탤릭 글자로 쓰여진 뜻의 이디엄을 골라 봅시다.

1. I don't have time. Please *get to the point*.

    a. cut to the chase
    b. play second fiddle
    c. get your act together

2. No one likes to *feel less important than* someone else.

    a. be in like Flynn
    b. cut to the chase
    c. play second fiddle to

3. You'd better *begin right away* if you hope to finish by midnight.

    a. get the show on the road
    b. do a song and dance routine
    c. cut to the chase

4. Famous people are always *being talked about in the media*.

    a. in Tinseltown
    b. in the limelight
    c. playing second fiddle

5. I just can't seem to *fix my bad habits*.

    a. get the show on the road
    b. get my act together
    c. play it by ear

Chapter 22. *In the Limelight*

6. Since we don't have a clear plan, let's just *improvise*.

   a. play it by ear
   b. get in the limelight
   c. get in like Flynn

7. I don't believe *your lies and excuses*.

   a. your act is together
   b. such a ham actor
   c. that song and dance routine

8. A true star could never be called *melodramatic*.

   a. in like Flynn
   b. a ham actor
   c. a song and dance routine

9. *Hollywood* is a decadent place.

   a. Tinseltown
   b. ham actor
   c. in the limelight

10. When Joe heard Gina was single he *took advantage of the situation*.

   a. played it by ear
   b. was in like Flynn
   c. went to Tinseltown

▶정답과 해석은 270page에

269

정답과 해석

Practice
1. Tinseltown
틴셀타운은 할리우드의 별칭이다.
2. Flynn
일자리가 있다는 것을 듣자마자 나는 빠르게 달려갔다.
3. song
나에게는 둘러대지 말아라!
4. cut
본론으로 들어가서 무슨 일이 일어났는지 말해라.
5. second
루시는 남편의 들러리를 서는 데 지쳤다.
6. ear
결정이 나기 전에 잠깐 동안 임기응변으로 대처하자.
7. together
네가 언젠가 결혼하기를 원한다면 너는 너의 결점을 고쳐야 할 것이다.
8. the
브래드 피트는 요즘 각광을 받고 있다.
9. ham
켄은 엉터리 배우이다. 누가 그를 진지하게 캐스팅하겠는가?
10. show
자, 빨리 움직여서 콘서트를 시작하자.

Review
1. (a) 시간이 없으니 본론으로 들어가시죠.
2. (c) 누구도 다른 사람보다 덜 중요하다고 생각되는 것을 좋아하지 않는다.
3. (a) 네가 자정까지 끝내기를 바란다면 즉시 시작하는 것이 좋겠다.
4. (b) 유명한 사람들은 항상 매스컴에 오르내린다.
5. (b) 나는 나의 나쁜 습관을 고칠 수 없을 것 같다.
6. (a) 우리는 뚜렷한 계획이 없으므로 그냥 상황에 따라 행동하자.
7. (c) 나는 너의 거짓말과 변명을 믿지 않는다.
8. (b) 진정한 스타는 신파조의 배우라고 불리지 않는다.
9. (a) 할리우드는 퇴폐적인 장소이다.
10. (b) 조는 지나가 혼자가 되었다는 말을 듣고 그 상황을 빠르게 이용했다.

영어 정복을 위해 반드시 알아야 할
220 AMERICAN IDIOMS

지은이 Derrick Nault
펴낸이 박해성
펴낸곳 정진출판사

초판인쇄 2003년 10월 20일
초판발행 2003년 10월 25일

주소 서울특별시 성북구 석관2동 341-48호
전화 (02) 969-8561
Fax (02) 969-8592
E-mail JJ1461@chollian.net
Homepage www.jeongjinpub.co.kr
등록일 1989.12.20
등록번호 제6-95호
ⓒDerrick Nault
ISBN 89-5700-008-9

정가 11,000원